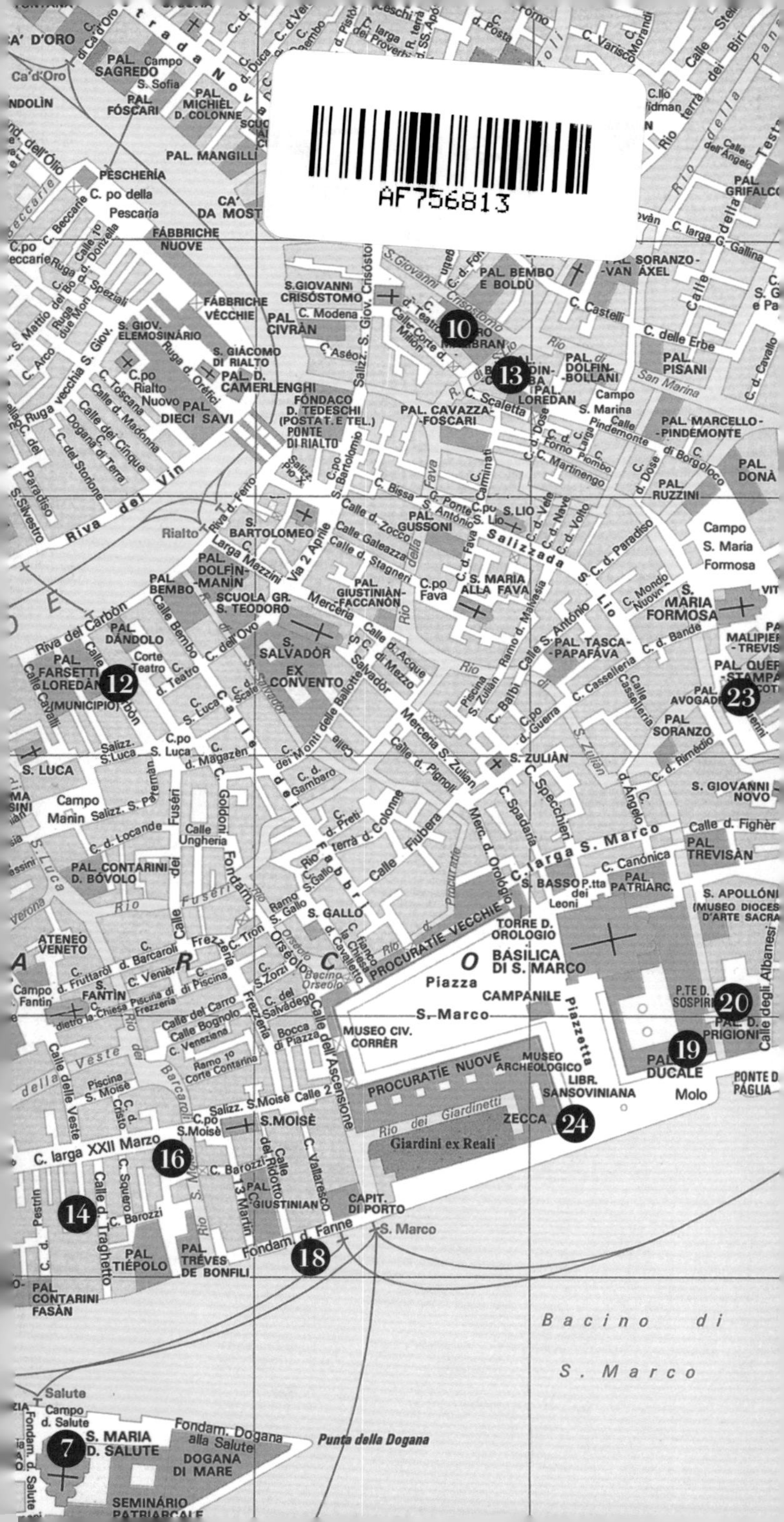
CA' D'ORO
Ca'd'Oro
PAL. SAGREDO
Campo S. Sofia
PAL. FÓSCARI
PAL. MICHIEL D. COLONNE
Strada Nova
PAL. MANGILLI
PESCHERÍA
C. po della Pescaría
CA' DA MOSTO
FÁBBRICHE NUOVE
FÁBBRICHE VECCHIE
S. GIOV. ELEMOSINÁRIO
S. GIÁCOMO DI RIALTO
PAL. D. CAMERLENGHI
C.po Rialto Nuovo
PAL. DIECI SAVI
Ruga d. Oréfici
Ruga vecchia S. Giov.
Riva del Vin
Rialto
S. GIOVANNI CRISÓSTOMO
PAL. CIVRAN
C. Modena
FONDACO D. TEDESCHI (POSTAT. E TEL.)
PONTE DI RIALTO
PAL. BEMBO E BOLDÙ
PAL. SORANZO-VAN AXEL
PAL. GRIFALCO
C. Castelli
C. delle Erbe
PAL. PISANI
PAL. DOLFIN-BOLLANI
PAL. LOREDAN
Campo S. Marina
PAL. MARCELLO-PINDEMONTE
PAL. CAVAZZA-FOSCARI
PAL. DONÀ
PAL. RUZZINI
Campo S. Maria Formosa
S. MARIA FORMOSA
S. LIO
Salizzada S. Lio
PAL. GUSSONI
S. BARTOLOMEO
PAL. DOLFIN-MANIN
PAL. BEMBO
SCUOLA GR. S. TEODORO
PAL. GIUSTINIAN-FACCANON
C.po Fava
S. MARIA ALLA FAVA
Mercerìa
Via 2 Aprile
Riva del Carbòn
PAL. DANDOLO
PAL. FARSETTI LOREDAN (MUNICIPIO)
S. SALVADOR EX CONVENTO
PAL. TASCA-PAPAFAVA
PAL. SORANZO
PAL. AVOGADRO
MALIPIERO-TREVISAN
PAL. QUERINI STAMPALIA
S. LUCA
C.po S. Luca
Campo Manin
S. ZULIAN
Merceria S. Zulian
S. GIOVANNI NOVO
PAL. TREVISAN
PAL. CONTARINI D. BÓVOLO
C. larga S. Marco
C. Canónica
PAL. PATRIARC.
S. APOLLÓNIA (MUSEO DIOCES. D'ARTE SACRA)
S. BASSO
P.tta dei Leoni
S. GALLO
PROCURATIE VECCHIE
TORRE D. OROLOGIO
BASÍLICA DI S. MARCO
ATENEO VENETO
Campo S. Fantin
S. FANTIN
Frezzeria
Piazza S. Marco
CAMPANILE
Piazzetta
P.TE D. SOSPIRI
PAL. D. PRIGIONI
PAL. DUCALE
PONTE D. PAGLIA
Molo
MUSEO CIV. CORRER
PROCURATIE NUOVE
MUSEO ARCHEOLOGICO
LIBR. SANSOVINIANA
ZECCA
Giardini ex Reali
S. MOISÈ
C. larga XXII Marzo
PAL. GIUSTINIAN
CAPIT. DI PORTO
S. Marco
PAL. TIÈPOLO
PAL. TRÈVES DE BONFILI
PAL. CONTARINI FASAN
Fondam. d. Farine
Bacino di S. Marco
Salute
Campo d. Salute
S. MARIA D. SALUTE
Fondam. Dogana alla Salute
DOGANA DI MARE
Punta della Dogana
SEMINÁRIO PATRIARCALE
10
13
12
23
20
19
24
16
14
18
7

SVLTO

Venedig – trotz bitterer Verfolgung und Einkerkerung – bleibt für Casanova ein Leben lang Heimat und Sehnsuchtsort.

Lothar Müller führt durch die Stadt des selbsternannten »Chevalier de Seingalt« und lässt in raffiniert geschnittenen Collagen den Schriftsteller selbst und seine Zeitgenossen zu Wort kommen. Er nimmt uns mit zu Maskenbällen und ins Theater, in die Spielsäle, in denen der Abenteurer sein Glück sucht, und in die Kirche, in der er seine Predigt hält. Er führt uns zu den Gärten, in denen der große Liebhaber amouröse Szenen inszeniert, zu den Schauplätzen seiner Eskapaden und Affären. In Nahsicht können wir ihn bei seiner kühnen Flucht aus den Bleikammern begleiten.

Ein Reiselesebuch, in dem man – zuhause bei der Lektüre oder unterwegs durch die Kanäle – die Anlegestellen findet, um in das Venedig Casanovas überzusetzen.

Lothar Müller

Casanovas Venedig

Ein Reiselesebuch

Verlag Klaus Wagenbach Berlin

Giacomo Casanova, 1774
Gemälde von Alessandro Longhi

INHALT

Carlo Goldoni Man muß Venedig selbst sehen

Venedig ist eine so außerordentliche Stadt, daß es ganz unmöglich ist, sich eine richtige Idee davon zu machen, ohne sie gesehen zu haben. Mit Karten, Plänen, Modellen, Beschreibungen reicht man nicht aus; man muß sie selbst sehen. Alle Städte in der Welt gleichen sich mehr oder weniger, diese gleicht keiner andern. So oft ich sie nach langen Zwischenräumen wiedersah, ward ich aufs neue überrascht.

Was mir am meisten auffiel, war die beym ersten Anblick überraschende, ausgedehnte Perspektive, und die beträchtliche Anzahl kleiner Inseln, die so nah aneinander liegen, und durch Brücken so genau miteinander verbunden sind, daß man ein festes, über einer Ebene erhabenes Land zu sehen glaubt, das von allen Seiten von einem unermeßlichen Meere bespült wird. Nicht das Meer, sondern ein großer, mehr oder weniger mit Wasser bedeckter Sumpf, an der Mündung mehrer Hafen mit tiefen Kanälen, bringt die großen und kleinen Schiffe in die Stadt und die umliegende Gegend. Kömmt man von der Seite des S. Markusplatzes zwischen einer ungeheuern Menge Schiffe aller Art, Kriegs- und Kauffahrteyschiffen, Fregatten, Galeeren, Barken, Nachen, Kähnen und Gondeln hinein; so landet man an einem Ufer, la piazetta (der kleine Platz) genannt, wo man von einer Seite den Palast und die Kirche des Doge, die gleich die Pracht der Republik ankündigen, und von der andern den S. Markusplatz, der mit Säulengängen umgeben ist, die nach den Rissen eines Palladio und Sansovino aufgeführt sind, erblickt.

Ansicht Venedigs. Stich aus der ersten Hälfte
des 18. Jahrhunderts

VORBEMERKUNG

Giacomo Casanova (1725–1798), Venezianer von Geburt, musste zweimal aus seiner Heimatstadt fliehen. Als er Anfang November 1756, nachdem ihm die Flucht aus den Bleikammern gelungen war, das Festland erreichte und sich auf den Weg nach Paris machte, standen ihm achtzehn Jahre Abenteurerexistenz bevor. Seine Reisen, die ihn durch ganz Europa führten, waren nicht selten vom Zufall bestimmt, häufig von der Notwendigkeit, finanzielle Ressourcen zu erschließen. Hier wich er einer Gefahr aus, dort ergriff er eine Gelegenheit. Stets setzte er auf die Gunst Fortunas, ›der blinden Göttin‹. Selten war er Herr seines Geschicks.

Überall aber, ob in Petersburg, Warschau, London oder Madrid, gab es den Fixstern, an dem er sich orientierte: die Reise zurück nach Venedig. Er konnte sie erst antreten, als ihm Anfang September 1774 die Begnadigung durch die Staatsinquisition gewährt wurde, auf die er lange hingearbeitet hatte. Da war er ein Mann von fast fünfzig Jahren. Der Titel ›Chevalier de Seingalt‹, den er sich zugelegt hatte, galt in Venedig nichts. Wenig glanzvoll war das Leben des Zurückgekehrten. Schmählich, verglichen mit dem Husarenstück des Ausbruchs aus den Bleikammern, der Anlass zur neuerlichen Flucht Ende 1782: Er hatte durch die unbedachte Publikation einer Satire einige Patrizier herausgefordert, auf deren Nachsicht er schon deshalb nicht rechnen konnte, weil er in den Salons mit ihnen verkehrte. Sie wiesen den Abenteurer, der Skandal machte, mit Nachdruck in seine Schranken und überantworteten den Fall der Staatsinquisition.

Im Juni 1783, heimlich und nur für wenige Stunden, sah Casanova Venedig zum letzten Mal. Mit seinen fast sechzig Jahren konnte er nicht noch einmal den großen Bogen durch das Europa des Ancien Régime schlagen. Er musste nun sehen, dass er irgendwo unterkam. Das gelang ihm. Aber Böhmen, wo er auf dem Schloss von Dux als Bibliothekar des Grafen Waldstein vom September 1785 bis zu seinem Tod im Juni 1798 lebte, lag nicht am Meer. Venedig blieb nur in der Erinnerung erreichbar.

Casanova hat mit der Niederschrift seiner Memoiren, der *Histoire de ma Vie*, im Jahre 1789 begonnen, als der Welt, die er darin heraufbeschwor, in der Französischen Revolution ein Ende gesetzt wurde. Das Manuskript, das erst in den zwanziger Jahren des neunzehnten Jahrhunderts – bearbeitet und verstümmelt – veröffentlicht wurde, endet im Sommer 1774 mit seinem Aufenthalt in Triest, an der Schwelle zur ersehnten Rückkehr nach Venedig. Der Leser findet in diesen Memoiren das strahlende Selbstporträt des Abenteurers als junger Mann, der die Kanäle und Gassen, die Paläste und Plätze, die Theater und Cafés seiner Heimatstadt zur Bühne seiner Raufhändel und Liebesintrigen werden lässt. Er findet die Reisen durch Europa, die lange Reihe der Affären und Duelle, der geheimen Missionen und waghalsigen Spekulationen, in deren Verlauf sich die Kurve des Lebens langsam zu neigen beginnt. Die Jahre des alternden Zurückgekehrten findet er nicht.

Dieses Lese- und Reisebuch verfolgt die Liebesgeschichte zwischen Casanova und Venedig von ihrem Beginn bis an ihr bitteres Ende. Es besucht die Orte der Handlung, stellt sie in Illustrationen aus dem achtzehnten Jahrhundert vor und nimmt gelegentlich verschwundene Gassen und Gebäude auf. Dabei verfährt es großzügiger, als einem strengen Historiker erlaubt wäre. Es zeichnet die Schauplätze auch dort in den Stadtplan Venedigs ein, wo die Ereignisse, die Casanova darauf ansiedelt, nicht verbürgt sind.

CASANOVAS VENEDIG

Als nach dem verheerenden Brand des Dogenpalastes im Jahr 1577 nahezu alle Innenräume neu ausgemalt und ausgeschmückt werden mussten, war das Thema für die Dekoration des großen Senatssaals ›Der Triumph Venedigs‹. Schon einige Jahrzehnte zuvor aber hatte der venezianische Gesandte Marino Cavalli in einem Bericht von seiner Reise in die Niederlande lapidar formuliert: »Ich trage Trauer, denn ich sah Venedig von Antwerpen überflügelt.« Er hatte die spanischen Silbertransporte gesehen, die im Zuge der kolonialen Expansion Europas aus Peru in Antwerpen eintrafen. Mit der triumphalen Rückkehr Vasco da Gamas nach Lissabon im Jahre 1499 und der Entdeckung des Seeweges nach Indien trat dem spanischen und portugiesischen Atlantik der Indische Ozean als maritime Alternative zum Landweg nach Asien an die Seite. Alle Siege, die Venedig nun noch errang, um seine Position als Großmacht zu halten, waren vergeblich. Die Position als beherrschende Handelsmetropole, die es seit seinem Sieg in der Rivalität mit Genua im Jahre 1381 bis ins frühe sechzehnte Jahrhundert innehatte, würde es nie wieder erreichen können.

Parallel zum relativen Bedeutungsverlust des Mittelmeeres gegenüber den großen Ozeanen sah sich Venedig zudem nach dem Fall Konstantinopels im Jahre 1453 in seinem angestammten Herrschaftsbereich stärker als zuvor vom Osmanischen Reich herausgefordert. Nicht ohne Widerstand und gelegentliche Zwischenerfolge verlor die Republik Venedig in einer unumkehrbaren Entwicklung, die bis ins frühe achtzehnte Jahrhundert reichte, ihre Handelsrechte und Stützpunkte im östlichen Mittelmeerraum. Im Frieden von Passarowitz musste

Venedig 1718 den Peloponnes endgültig an die Türkei abtreten.

In der europäischen Politik des achtzehnten Jahrhunderts mit ihren Erbfolgekriegen und wechselnden Koalitionen spielte Venedig keine große Rolle mehr. Es hatte auf den Verlust seiner einstigen Großmachtposition mit einer konsequent betriebenen Politik der Konservierung des Verbliebenen reagiert. Außenpolitisch wahrte es auch um den Preis wachsenden Bedeutungsverlustes strikte Neutralität. Innenpolitisch suchte es den Status quo durch den Verzicht auf jegliche Veränderung seiner aus dem Mittelalter überkommenen politischen Institutionen zu sichern. Die aristokratisch-republikanische Ordnung ließ eine grundsätzliche Opposition nicht zu.

Im Venedig des achtzehnten Jahrhunderts herrschte zugleich Stabilität und Erosion sowie demonstrativ kultivierte Kontinuität und heimlich ausphantasierter Zusammenbruch. Eines der Länder, deren Schicksal Casanova über Jahre hinweg mit größtem Interesse verfolgte, war Polen. Es stand Venedig als warnendes Beispiel vor Augen für die gefährdete Lage geschwächter, zwischen die Interessen der Großen geratener Staaten. Nach der ersten Teilung Polens im Jahr 1772 schrieb Casanova eine mehrbändige »Geschichte der polnischen Wirren«. Im Innern gab es wie eh und je den Maggior Consiglio, in dem sich die Aristokraten versammelten. Aber das ›Goldene Buch‹, in dem schon am Ende des dreizehnten Jahrhunderts abschließend festgelegt war, wer zum erblichen Adel gehörte, musste angesichts der schrumpfenden Mitgliederzahl des Großen Rates doch dann und wann wieder geöffnet werden, damit neue Familien eingetragen werden konnten. Niemandem konnte entgehen, dass der venezianische Adel längst keine einheitliche Kaste mehr war, sondern in verschiedene, nach Lebensstil und politischem Einfluss deutlich abgegrenzte Klassen zerfallen war. Um die Mitte des achtzehnten Jahrhunderts unterschied man bereits fünf Klassen, von denen nur die ersten drei genug Vermögen hatten, um den Lebensstil eines Patrizierhauses fortzuführen. In den unteren Rängen schwanden die ökonomischen Ressourcen und die politische Einflussmöglichkeiten.

Gegen die Diagnosen der Stagnation und der Erosion einstiger Größe entwarf Venedig Selbstbilder des Glanzes und der Kontinuität. Diese Bilder waren auf die Zweifel an der eigenen Zukunft wie auf ein Gerücht bezogen, das es zu zerstreuen gilt. Sie gingen aus der Diskrepanz zwischen politischem Bedeutungsverlust und kultureller Blüte hervor. Kaum anderswo in der europäischen Geschichte der Neuzeit war diese Diskrepanz größer als hier, in der Republik Venedig, die ihrem Ende entgegenging und sich zugleich in ihrer Festkultur, die Reisende aus ganz Europa anzog, als unsterblich inszenierte.

Casanova dürfte im Januar 1735, noch keine zehn Jahre alt, die Feierlichkeiten anlässlich der Wahl des Dogen Alvise Pisani beobachtet haben: das frei verteilte Brot, den großzügig ans Publikum ausgeschenkten Wein, die zahlreichen Feuerwerke und die festliche Illuminierung der Piazza San Marco. Kurz bevor er Venedig endgültig verließ, hatte er im Januar 1782 das große Amphitheater gesehen, das zu Ehren der »Conti del Nord«, des russischen Großfürsten und seiner Gemahlin, aufgeschlagen wurde, und auch die weißen Stiere, die vor die allegorischen Wagen gespannt waren. Mag sein, dass er über das architektonische Zitat des römischen Titus-Triumphbogens gelächelt hat, denn es dürfte ihm kaum entgangen sein, wie groß der Selbstzweifel war, der solcher Beschwichtigungen bedurfte. Kritische Beobachter unter den Zeitgenossen argwöhnten ohnehin, die aufwendigen Feste Venedigs seien vor allem ein Instrument seiner Regierung, das Elend der armen Bevölkerungsteile zu überdecken und alle Unzufriedenheit ins Leere laufen zu lassen: Wer feiert, rottet sich nicht zum Tumult zusammen.

Und doch waren die Stierrennen auf den Plätzen, die Brettergerüste mit den Menschenpyramiden, die Regatten auf dem Canal Grande vor den geschmückten Fenstern der Palazzi, die aufwendigen Bühnenbilder in den Theatern und die Beleuchtung des Kircheninneren von San Marco nicht nur Ablenkungsmanöver oder eine panische Flucht in Schein und Illusion. Denn im Venedig des achtzehnten Jahrhunderts wurde die stabile Opposition von flüchtigem Schein und harter Wirklichkeit unterminiert. Der Karneval und die Feste gehörten zum Alltag der Stadt, waren nicht nur Momente punktueller Entlastung. Sie bestimmten den Rhythmus des Jahres nicht weniger als die natürlichen Jahreszeiten. Wie Ebbe und Flut prägten sie das Leben nicht nur der Aristokraten, die sich im Juni und dann noch einmal im September für einige Wochen aufs Land zurückzogen und bei ihrer Rückkehr im Juli das Fest der heiligen Marta, im Oktober den Beginn der Theatersaison erwarteten.

In fünf von zwölf Monaten war das Maskentragen erlaubt, und was für den Einzelnen die Maske war, die er sich aufsetzte, war für die Stadt insgesamt das Fest, das sie veranstaltete. Anlässe gab es genug: im Heiligenkalender, beim Besuch hoher Staatsgäste und im Rückblick auf gewonnene Schlachten der Vergangenheit. Das politische Abseits, in das Venedig längst geraten war, erwies sich als durchaus attraktiver, durch die strikte defensive Neutralitätspolitik gesicherter Ort. Die Republik verschwand nicht einfach in der europäischen Peripherie, sie blieb als kulturelle Metropole im Geschäft. Dass eine öffentliche Kritik an der Verschwendung von Geldern erst sehr spät aufkam, mochte im Übrigen damit zu tun haben, dass die schaulustigen Fremden viel Geld in der Stadt ließen und Handwerker und Geschäftsinhaber von ihnen profitierten.

Zu den Paradoxien Venedigs gehörte, dass es für die Allgegenwart seiner Spitzel ebenso berühmt war wie für die Liberalität seines Alltagslebens, wobei die Distanz zum Kirchenstaat in Rom eine nicht geringe Rolle spielte. Man ehrte den päpstlichen Nuntius, mindestens so sehr aber ehrte man Fra Paolo Sarpi (1552–1623), der im Zeitalter der Gegenreformation mit durchaus protestantischer Energie Venedig gegen die Ansprüche des Papstes Paul V. verteidigte. Im schwarzen Glanz der Gondeln spiegelte sich nicht nur die düstere Strenge einer Regierung, die selbst im Zeitalter der Aufklärung noch immer zu Verbannungen, zur Folter und – etwa gegenüber Freimaurerei – zu drakonischen Todesurteilen griff. Es spiegelten sich darin ebenso die mondäne Kultivierung der Oberfläche durch die Reichen, Neureichen und nur für einige Tage Reichen, die Capricen der launischen Herrin Mode und die Illuminationen, die im Vorgriff auf die Großstädte des neunzehnten Jahrhunderts die Grenze zwischen Tag und Nacht verwischten. Casanovas jüngerer Bruder Francesco (1727–1803), der spätere Schlachtenmaler, ging bei Francesco Guardi in die Lehre, vor dessen Bildern man nicht umhin kann zuzugeben: Venedig war in Europa die Hauptstadt des Scheins, der die Wirklichkeit erfolgreich unterwandert hatte.

Giacomo Casanova gehörte derselben Generation an wie der letzte Doge von Venedig, Lodovico Manin (1726–1802), der am 12. Mai 1797 sein Amt niederlegte, nachdem die Truppen Napoleons die Stadt ohne größere Gegenwehr besetzt hatten. Der heraufziehenden Epoche der Nationalstaaten hatte die alte Republik nichts entgegenzusetzen. Als Casanova in den Jahren 1797 und 1798 seine *Histoire de ma Vie* noch einmal überarbeitete, streute er sarkastische Bemerkungen zum ruhmlosen Ende der Republik Venedig ein. Seine Memoiren halten zugunsten der Liebesgeschichten, der Erzählungen aus den Salons der Aristokratie Distanz zur Sphäre des Politisch-Historischen. Die Geschichte der Staaten geht in einer Fülle beiläufiger Details als Hintergrund in sie ein, und gelegentlich gibt der Erzähler explizite Kommentare zu einzelnen Ereignissen oder Herrschern. So räsoniert er im Gespräch mit Voltaire im Jahre 1760 über die Verfassung seiner Heimatstadt, aber im Zentrum stehen stets die Abenteuer des Helden, und die Geschicke der Staaten nur insoweit, als sie sich mit ihnen berühren. Vor dem Hintergrund seiner Geburtsstadt entwirft sich Casanova als literarische Figur, in der sich der Geist der Masken und der Komödie, des Spiels und der Liebesabenteuer verkörpert. Sein Venedig ist aus der Erinnerung des alten Bibliothekars auf Schloss Dux in Böhmen entstanden.

Über die Börse, das Versicherungswesen und die Banken Venedigs erfährt man bei ihm wenig. Die Luxusindustrie seiner Heimat, die an die Stelle des alten Levantehandels das Glas von Murano, die Seide und den Filigranschmuck setzt, nimmt er allenfalls als Konsument zur Kenntnis. Die prekäre Balance zwischen dem Meer, der Sphäre der Vergangenheit, und dem Land der Terra ferma, das im achtzehnten Jahrhundert physiokratischer Reformen bedarf, fordert ihn zu politisch-ökonomischer Reflexion nur gelegentlich heraus. Handwerker und Arme kommen ihm allenfalls dann in den Blick, wenn er sie in Dienst nimmt oder sich an ihnen stößt. Die Stadt ist sein Element, soweit sie die Bühne der besseren Gesellschaft ist, in die er gelangen will. Es kommt ihm entgegen, dass Venedig eine Großstadt ist mit ungefähr 140000 Einwohnern. Er bewegt sich darin wie in einem Meer von Möglichkeiten, und er weiß, wo sich das Lebensglück am ehesten verbirgt: in den Palazzi der Aristokratie, die lediglich zweieinhalb Prozent der Bevölkerung stellt. In dieser Stadt in der Stadt mit etwa 3500 Einwohnern, will er wohnen, wiewohl er dort nicht geboren ist.

Georg Simmel Venedig

Alle Menschen in Venedig gehen wie über die Bühne: in ihrer Geschäftigkeit, mit der nichts geschafft wird, oder mit ihrer leeren Träumerei tauchen sie fortwährend um eine Ecke herum auf und verschwinden sogleich hinter einer andern und haben dabei immer etwas wie Schauspieler, die rechts und links von der Szene nichts sind, das Spiel geht nur dort vor und ist ohne Ursache in der Realität des Vorher, ohne Wirkung in der Realität des Nachher. Mit der Einheit, durch die ein Kunstwerk jedes seiner Elemente seinem Gesamtsinn untertan macht, ergreift hier der Oberflächencharakter das Bild der Menschen. Wie sie gehen und stehen, kaufen und verkaufen, betrachten und reden – alles das erscheint uns, sobald uns das Sein dieser Stadt, das in der Ablösung des Scheins vom Sein besteht, einmal in seinem Bann hat, als etwas nur Zweidimensionales, wie aufgeklebt auf das Wirkliche und Definitive ihres Wesens. Aber, als habe sich dieses Wesen darunter verzehrt, ist alles Tun ein Davor, das kein Dahinter hat, eine Seite einer Gleichung, deren andere ausgelöscht ist. Selbst die Brücke verliert hier ihre verlebendigende Kraft. Sie leistet sonst das Unvergleichliche, die Spannung und die Versöhnung zwischen den Raumpunkten wie mit einem Schlage zu bewirken, zwischen ihnen sich bewegend, ihre Getrenntheit und ihre Verbundenheit als eines und dasselbe fühlbar zu machen. Diese Doppelfunktion aber, die der bloß malerischen Erscheinung der Brücke eine tiefer bedeutsame Lebendigkeit unterlegt, ist hier verblaßt, die Gassen *gleiten* wie absatzlos über die unzähligen Brücken hinweg, so hoch sich der Brückenbogen spannt, er ist nur wie ein Aufatmen der Gasse, das ihren kontinuierlichen Gang nicht unterbricht. Und ganz ebenso gleiten die Jahreszeiten durch diese Stadt, ohne dass der Wandel vom Winter zum Frühling, vom Sommer zum Herbst ihr Bild merklich änderten. Sonst spüren wir doch an der blühenden und welkenden Vegetation eine Wurzel, die an den wechselnden Reaktionen auf den Wechsel der Zeiten ihre Lebendigkeit erweist. Venedig aber ist dem von innen her fremd, das Grün seiner spärlichen Gärten, das irgendwo in Stein oder in Luft zu wurzeln oder nicht zu wurzeln scheint, ist dem Wechsel wie entzogen. Als hätten alle Dinge alle Schönheit, die sie hergeben können, an ihrer Oberfläche gesammelt und sich dann von ihr zurückgezogen, so dass sie nun wie erstarrt diese Schönheit hütet, die die Lebendigkeit und Entwicklung des wirklichen Seins nicht mehr mitmacht.

Es gibt wahrscheinlich keine Stadt, deren Leben sich so ganz und gar in einem Tempo vollzieht. Keinerlei Zugtiere oder Fahrzeuge reißen das verfolgende Auge in wechselnde Schnelligkeiten mit, die Gondeln haben durchaus das Tempo und den Rhythmus gehender Menschen. Und dies ist die eigentliche Ursache des ›traumhaften‹ Charakters von Venedig, den man von je empfunden hat…

Zweideutig ist der Charakter dieser Plätze, die mit ihrer Wagenlosigkeit, ihrer engen, symmetrischen Umschlossenheit den Anschein von Zimmern annehmen, zweideutig in den engen Gassen das unausweichliche Sich-Zusammendrängen und Sich-Berühren der Menschen, das den Schein einer Vertrautheit und ›Gemütlichkeit‹ diesem Leben gibt, dem jede Spur von Gemüt fehlt; zweideutig das Doppelleben der Stadt, einmal als der Zusammenhang der Gassen, das andere Mal als der Zusammenhang der Kanäle, so dass sie weder dem Lande noch dem Wasser angehört – sondern jedes erscheint als das proteische Gewand, hinter dem jedesmal das andere als der eigentliche Körper lockt; zweideutig sind die kleinen dunklen Kanäle, deren Wasser sich so unruhig regt und strömt – aber ohne dass eine Richtung erkennbar wäre, in der es fließt, das sich immerzu bewegt, aber sich nirgends hinbewegt…

Venedig hat die zweideutige Schönheit des Abenteuers, das wurzellos im Leben schwimmt, wie eine losgerissene Blüte im Meere, und dass es die klassische Stadt der Aventure war und blieb, ist nur die Versinnlichung vom letzten Schicksal seines Gesamtbildes, unserer Seele keine Heimat, sondern nur ein Abenteuer sein zu dürfen.

Die Geburtsstraße

Venedig ist in sechs Stadtteile, die Sestieri, aufgeteilt: Cannaregio im Nordwesten, Castello um das Arsenal im Osten, San Marco zwischen Rialtobrücke und Dogenpalast, San Polo in der großen Schleife des Canal Grande, Dorsoduro einschließlich der Giudecca im Südwesten und darüber Santa Croce, das im achtzehnten Jahrhundert noch im Wesentlichen aus seinem alten Ostteil bestand, der sich oberhalb von San Polo an den Canal Grande anschließt. Giacomo Casanova entstammt dem Sestiere San Marco, dem alten kulturellen und politischen Zentrum Venedigs. Es ist in den Jahren, die er in Venedig verbrachte, immer der Mittelpunkt seines Lebens geblieben.

Das Haus, in dem er als erstes Kind seiner Eltern am 2. April 1725 geboren wurde, lässt sich nicht mehr identifizieren. Es befand sich in der heutigen Calle Malipiero. Sie hieß damals **Calle della Commedia** ① und führte von der **Chiesa San Samuele** ② in Richtung auf das 1655 errichtete **Teatro San Samuele** ③, das zwischen dem Rio del Duca und der Calle del Teatro lag. An diesem Theater trat der aus Parma stammende Vater Gaetano Giuseppe Giacomo Casanova als Schauspieler auf.

Chiesa San Samuele
Stich von Luca Carlevaris

Er hatte seine Frau Giovanna Maria Farussi, deren Handwerkerfamilie den Berufsstand der Komödianten verachtete und sich gegen die Verbindung sträubte, kurzerhand entführt und im Februar 1724 in der Kirche San Samuele geheiratet. Als Gaetano Casanova im Jahre 1727 ein Engagement in England antrat, begleitete ihn Giovanna, im venezianischen Dialekt ›Zanetta‹ gerufen, nach London und begann dort eine eigenständige Karriere als Schauspielerin. Der Sohn Giacomo wurde der Obhut seiner Großmutter Marzia Farussi übergeben. Sie, nicht die leibliche Mutter, war die wichtigste Hüterin seiner Kindheit.

Die Lagune

In seinen Memoiren datiert Casanova den Beginn seiner bewussten Existenz auf den August 1733. Die Episode führt aus dem Stadtzentrum hinaus in die Lagune. Von dort, wohl von der Insel Burano, stammte Casanovas Großvater mütterlicherseits. Dieser Herkunft verdankte seine Mutter Zanetta ihren Beinamen als Schauspielerin, ›La Buranella‹. Die Lagune ist in der Mythologie Venedigs die stille, schützende Mutter der aus dem Wasser wachsenden Stadt. Die Reise des kleinen Giacomo nach Murano, eine andere Insel der Lagune, ist eine Reise in die Welt der Magie. In Sturzbächen fließendes

Im Alter von etwa 25 Jahren
Rötelzeichnung seines Bruders
Francesco

Blut des Kindes muss gestillt werden. Mag sein, dass hier eine therapeutische Machination beschrieben wird. Erlebt wird sie als geheimnisvolle Initiation. Später hat Casanova in Venedig wie in den Salons der europäischen Aristokratie so manchen Erfolg als Kabbalist, Kenner okkulter Schriften und Alchimist erzielt. Mit einem leichten rationalistischen Zwinkern zwischen den Zeilen lässt er hier offen, warum die Behandlung der Zauberin wirkt. Knapp notiert er den Effekt: Das Blut zieht sich zurück, das Gedächtnis wird frei, das Kind lernt lesen. Der Weg in die Gelehrtenrepublik steht ihm offen. Doch bleibt ein Rest: Die Dämonen der Krankheit sind nicht ein für alle Mal ausgetrieben. Dem Leser der Memoiren wird neben dem sinnenfrohen, genießenden Liebhaber Casanova immer wieder der Nachfahre des Schützlings der Großmutter begegnen, den der kranke Körper plagt.

Giacomo Casanova *Die Zauberin von Murano*

Kommen wir nun zum Beginn meiner Existenz als denkendes Wesen. In den ersten Augusttagen des Jahres 1733 setzte mein Erinnerungsvermögen ein. Ich war also acht Jahre und vier Monate alt. Ich erinnere mich an nichts, was mit mir vorher geschehen sein mag. Hier nun die Geschichte selbst.

Ich stand in der Ecke eines Zimmers, zur Wand gebeugt, stützte meinen Kopf und starrte auf das Blut, das mir reichlich aus der Nase floß und auf den Boden tropfte. Marzia, meine Großmutter, deren Liebling ich war, kam mir zu Hilfe, wusch mir das Gesicht mit kühlem Wasser, ließ mich, ohne daß jemand etwas davon wußte, in eine Gondel steigen und brachte mich nach Murano, einer dichtbesiedelten Insel, etwa eine halbe Stunde von Venedig entfernt.

Nach Verlassen der Gondel gingen wir in eine elende Hütte; dort saß eine alte Frau auf einem zerlumpten Bett und hielt eine schwarze Katze auf dem Arm, während weitere fünf oder sechs Katzen um sie herumschlichen. Sie war eine Hexe. Die beiden alten Frauen führten miteinander ein langes Gespräch, in dem es wohl um mich ging. Nach dieser Unterredung in friaulischer Sprache erhielt die Hexe von meiner Großmutter einen Silberdukaten; dann öffnete sie eine Truhe, hob mich auf, setzte mich hinein und schloß sie mit den Worten, ich solle keine Angst haben. Gerade damit hätte sie mir Furcht eingejagt, wenn ich etwas klarer im Kopf gewesen wäre; aber ich war ganz benommen. Ich verhielt mich ruhig und drückte mein Schnupftuch an die Nase, weil ich blutete, ganz unberührt von dem Lärm, den ich von draußen vernahm. Ich hörte abwechselnd Lachen und Weinen, dann Schreien, Singen und Schläge auf der Truhe. Mir war das alles gleichgültig. Endlich holte man mich heraus; das Bluten hörte auf. Da überhäufte mich das sonderbare Weib mit tausend Zärtlichkeiten, kleidete mich aus, legte mich auf das Bett, verbrannte allerlei Räucherwerk, fing den Rauch in einem Tuch auf, wickelte mich darin ein, murmelte einige Zaubersprüche, wickelte mich dann wieder aus und gab mir fünf sehr wohlschmeckende Stücke Konfekt. Gleich darauf rieb sie mir die Schläfen und den Nacken mit einer Salbe ein, die einen köstlichen Duft ausströmte, und zog mich wieder an. Sie sagte mir, das Bluten werde von nun an immer schwächer auftreten, vorausgesetzt, daß ich keinem Menschen erzählte, was sie zu meiner Heilung getan habe; sie drohte mir andererseits, ich würde mein ganzes Blut verlieren und sterben, falls ich es wagte, irgendwem ihre Geheimnisse zu verraten. Nachdem sie mir das eingeschärft hatte, kündigte sie mir für die kommende Nacht den Besuch einer lieblichen Dame an, von der mein künftiges Glück abhinge, wenn ich die Kraft aufbrächte, niemandem von diesem Besuch etwas zu erzählen. Dann brachen wir auf und kehrten nach Hause zurück.

Kaum lag ich im Bett, schlief ich schon ein, ohne überhaupt noch an den schönen Besuch zu denken, den ich erhalten sollte; aber als ich einige Stunden später aufwachte, sah ich, oder glaubte zu sehen, wie eine wunderschöne Frau, in weitem Reifrock und in prächtige Stoffe gehüllt, vom Kamin herabstieg. Auf dem Haupt trug sie eine mit Edelsteinen übersäte Krone, aus denen Funken zu sprühen schienen. Langsam und majestätisch trat sie mit holder Miene näher und setzte sich auf mein Bett. Sie zog einige kleine Kästchen aus einer Tasche, leerte sie über meinem Kopf aus und murmelte dazu Sprüche. Dann hielt sie mir noch eine lange Rede, von der ich nichts verstand, küßte mich und verschwand, wie sie gekommen war. Ich schlief wieder ein.

Lehrjahre

Im Dezember 1733 starb Casanovas Vater, der Schauspieler, im Alter von nur sechsunddreißig Jahren. Er war Ende 1728 nach Venedig zurückgekehrt. Am Totenbett ließ er seine Frau schwören, »keines ihrer Kinder für die Bühne zu erziehen«. Dieser Schwur, aber auch seine nach wie vor gefährdete Gesundheit führten Giacomo aus der Gasse zwischen Kirche und Theater San Samuele hinaus, zuerst in die Universitätsstadt Padua. Sie gehörte seit 1406 zur Terra ferma, dem Herrschaftsbereich Venedigs auf dem Festland. Zwischen beiden Städten verkehrte täglich auf der kanalisierten Brenta der Burchiello. Viele Reisende des achtzehnten Jahrhunderts haben, in der Regel von Padua aus, die Fahrt mit diesem geräumigen Boot beschrieben, meist mit Blick auf die eleganten Landvillen, die sich die reichen Patrizier Venedigs am Ufer der Brenta errichtet hatten.

Casanova unternahm die Fahrt an seinem neunten Geburtstag, dem 2. April 1734, von Venedig aus. Die Ärzte hatten ihm die Luftveränderung verordnet, damit sein ›zu dickes Blut‹ sich verdünne und der gehemmte Blutumlauf größere Leichtigkeit gewinne. Die Mutter hatte daraufhin beschlossen, ihn nach Padua in Pension zu geben. In seinen Memoiren hat Casanova aus der Fahrt mit dem Burchiello eine Anekdote gemacht, die an die Murano-

Episode anschließt. Beschrieb er dort die einsetzende Erinnerung, so hier die erste Regung der selbständigen Vernunft. Das Geburtstagskind wird beim morgendlichen Anblick der am Schiffsfenster vorbeiziehenden Bäume zu einem Kopernikaner, der den ptolemäischen Kinderglauben hinter sich lässt.

Giacomo Casanova   Die Fahrt auf dem Burchiello

Am 2. April 1734, dem Tage, an dem ich mein neuntes Lebensjahr vollendete, brachte man mich auf der Brenta mit dem Burchiello nach Padua. Wir schifften uns nach dem Abendessen zwei Stunden vor Mitternacht ein.

Der Burchiello sieht wie ein kleines schwimmendes Haus aus. Das Schiff besteht aus einem großen Raum mit je einer kleinen Kajüte an beiden Enden sowie Schlafstellen für die Bediensteten an Bug und Heck. Der Raum ist ein längliches Rechteck, das mit Segeltuch überspannt ist; ringsum sind verglaste Fenster mit Läden. Die kleine Reise dauerte acht Stunden. Außer meiner Mutter begleiteten mich Abate Grimani und Signor Baffo. Sie ließ mich bei sich in der großen Kabine schlafen, während die beiden Freunde im kleinen Nebenraum übernachteten.

Sobald es tagte, stand meine Mutter auf und öffnete ein Fenster gegenüber meinem Bett. Die Strahlen der aufgehenden Sonne trafen mein Gesicht und ließen mich die Augen aufschlagen. Das Bett war so niedrig, daß ich das Land nicht sehen konnte. Ich erblickte durch das Fenster nur die Wipfel der Bäume, mit denen die Ufer des Flusses durchweg gesäumt sind. Das Schiff schwamm dahin, doch mit einer so gleichmäßigen Bewegung, daß ich davon nichts spüren konnte. Deshalb setzten mich die Bäume, die rasch vor meinen Augen vorbeizogen, in Erstaunen. »Ach, liebe Mutter!« rief ich. »Was ist denn los? Die Bäume wandern ja!«

In diesem Augenblick kamen die beiden Herren herein, und als sie mich so verdutzt sahen, fragten sie, was mich denn so beschäftige. »Wie kommt es«, fragte ich zurück, »daß die Bäume wandern?«

Sie lachten; meine Mutter aber seufzte und sagte mitleidig zu mir: »Das Schiff bewegt sich und nicht die Bäume. Zieh dich jetzt an.«

Ich begriff augenblicklich, wie diese Erscheinung zustande kam, und mit meinem erwachenden und ganz unvoreingenommenen Verstand dachte ich folgerichtig weiter. »Dann ist es also möglich«, sagte ich zu ihr, »daß sich auch die Sonne nicht bewegt, sondern daß wir es sind, die von Westen nach Osten wandern.« Meine gute Mutter jammerte über so viel Dummheit, und Signor Grimani beklagte meinen Unverstand; ich stand ganz verstört und traurig da und war dem Weinen nahe. Nur Signor Baffo gab mir wieder neuen Mut. Er kam auf mich zu, küßte mich zärtlich und sagte: »Du

Die drei venezianischen Gondeltypen:
A: Burchiello B: Remulcio C: Gondola

hast recht, mein Kind, die Sonne bewegt sich nicht. Verliere nicht den Mut, bilde dir stets dein eigenes Urteil und laß die andern ruhig lachen.«

Meine Mutter fragte ihn, ob er verrückt sei, daß er mir solche Sachen beibringe; doch der Philosoph antwortete ihr nicht einmal und fuhr fort, mir eine meinem unverbildeten und einfachen Verstand angepaßte Theorie darzulegen. Das war die erste wirkliche Freude, die ich in meinem Leben genoß. Ohne Signor Baffo hätte dieser Augenblick genügt, um mein Urteilsvermögen empfindlich zu treffen; die Leichtgläubigkeit aus Feigheit hätte sich eingeschlichen. Das Ungeschick der beiden andern hätte sicherlich in mir eine Fähigkeit abgestumpft, von der ich nicht weiß, ob sie mich sehr weit gebracht hat; aber ich weiß, daß ich nur ihr das ganze Glück verdanke, das ich genieße, wenn ich mit mir selbst allein bin.

Am 28. November 1737, mit zwölf Jahren, wurde Casanova an der Universität in Padua immatrikuliert. Das war früh, aber nicht außergewöhnlich in einer Zeit, in der die Universitäten auch für die Grundlegung der Bildung zuständig waren. In seinen Memoiren findet man einige Episoden zur Geschichte der Studentenunruhen im achtzehnten Jahrhundert. Im Frühjahr 1742 nahm Casanova an Übungen zur Experimentalphysik im Convento della Salute teil, einem Studienseminar, das dem Somasker-Orden an der Kirche **Santa Maria della Salute** ⑦ angeschlossen war. Im Juni 1742 will er das Examen zum Doktor beider Rechte in Padua abgelegt haben. Im Zivilrecht wurde er nach eigenen Angaben über Testamente, im Kirchenrecht zu der Frage geprüft: »Ob die Juden neue Synagogen bauen können.« In den Akten der Universität Padua ist sein Studium, nicht aber das Doktorexamen belegt. Zwar absolvierte er in Venedig bei dem Advokaten Manzoni sein juristisches Praktikum, bestand aber stets darauf, die Wissenschaft, zu der er sich berufen fühle, sei nicht das Recht, sondern die Medizin.

Ebenso wenig Zweifel ließ er daran, nicht zum Priesterstand berufen zu sein. Dennoch hatte er mit noch nicht fünfzehn Jahren am 14. Februar 1740 die Tonsur und am 22. Januar 1741 die vier niederen Weihen erhalten. Die Zeremonien fanden in der Kirche San Samuele statt, in der Casanova schon getauft worden war. Die in ihrer Baugeschichte bis ins frühe elfte Jahrhundert zurückreichende Kirche mit dem venezianisch-byzantinischen Campanile war mehrfach, zuletzt im Jahre 1685, umgebaut und renoviert worden. Im Jahre 1810 verlor sie den Status als selbständige Pfarrei und wurde dem Kirchsprengel von Santo Stefano angegliedert. Der junge Abate Casanova hielt hier mit Erfolg seine erste Predigt am 25. Dezember 1740, doch die Festpredigt auf den heiligen Joseph am 19. März 1741, mit der ihn der Pfarrer Giovanni Battista Tosello (1697–1757) beauftragt hatte, wurde zum Fiasko. Casanova hielt es nicht für nötig, die Predigt auswendig zu lernen, und speiste zuvor aufwendig mit einem Grafen: »Mit vollem Magen und hohlem Kopf machte ich mich auf, eilte in die Kirche und bestieg die Kanzel.« Der Misserfolg der Predigt, in deren Verlauf der junge Abate

Santa Maria della Salute. Stich von Michele Marieschi

Kloster San Cipriano auf Murano. Stich von Giacomo Bernasconi aus dem neunzehnten Jahrhundert

ohnmächtig wurde, diente ihm als Anlass, Venedig zu verlassen. Seine erste, nicht eindeutig belegte Reise nach Konstantinopel könnte in diesem Jahr stattgefunden haben. Anfang 1742 war er wieder in Venedig und zeitweilig als Gehilfe des Advokaten Marco da Lezze tätig.

Nach dem Tod der Großmutter Marzia Farussi am 18. März 1743 kündigte Casanovas Mutter die Wohnung in der Calle della Commedia zum Jahresende. Nach wie vor hoffte sie auf eine geistliche Laufbahn ihres ältesten Sohnes und erhob dagegen Einspruch, dass er eine Unterkunft in dem Haus fand, in dem auch die Primaballerina Tintoretta wohnte. Der Abate Alvise Grimani, sein adliger Vormund und Gönner, und der Pfarrer Tosello brachten ihn daraufhin in dem Seminar unter, das dem Kloster San Cipriano auf der Insel Murano seit dem sechzehnten Jahrhundert angeschlossen war. Das sehr alte Kloster, im Jahre 1108 von den Benediktinern gegründet, wurde im frühen neunzehnten Jahrhundert abgerissen. Casanova verbrachte hier widerwillig einige Wochen des Jahres 1743. In seinen Memoiren beschreibt er vor allem die Überwachung des Schlafsaals der Seminaristen durch den Präfekten und nutzt die Gelegenheit, der von prominenten Ärzten der Aufklärung wie dem Schweizer Simon André Tissot (1728–1797) betriebenen Pathologisierung der Onanie entgegenzutreten.

Der junge Mann, der als Doktor beider Rechte auftrat, besuchte nach seiner Entlassung aus dem Seminar gelegentlich die alte **Biblioteca San Marco** ㉔ an der Piazetta, zu deren Grundbeständen die Bücher des Dichters Francesco Petrarca zählen. Nicht immer führte ihn reiner Wissensdurst dorthin: »Ich verbrachte den ganzen Vormittag in der Biblioteca San Marco, da ich nicht wußte, wohin sonst ich ohne einen Soldo in der Tasche hätte gehen sollen.«

Die Biblioteca San Marco. Gemälde von Francesco Guardi

Festungshaft auf Forte di Sant'Andrea

Venedig ist oft als Labyrinth beschrieben worden. Der junge Casanova, wie er dem Publikum in der *Histoire de ma Vie* entgegentritt, ist ein Virtuose der geschmeidigen Fortbewegung in einem Stadtraum, der zumal bei eiliger Fortbewegung ständige Geistesgegenwart und intime Ortskenntnisse verlangt. Der nächtliche Ruhestörer wie der Liebesabenteurer scheint schwerelos über die Plätze und Brücken zu gleiten. Stets sind Gondeln oder Schiffe in der Nähe, derer er sich bedienen kann. In Casanovas Venedig liegen die Gondeln noch nicht an der Leine der Sarg-Assoziation: Sie sind Requisiten der Abenteuer, und manchmal ihr Schauplatz, Orte nicht des Zurücksinkens in schläfrige Dämmerzustände, sondern der wachen Erwartung des nächsten Aktes.

Charles de Brosses   Die Gondeln

Alles geht lautlos im Wasser vor sich, und mitten auf dem Gemüsemarkt könnte man ausgezeichnet schnarchen. Dazu kommt, daß kein Gefährt der Welt sich mit der Bequemlichkeit und Annehmlichkeit der Gondel messen kann. Richtig beschrieben fand ich sie noch nirgends. Sie ist ein langes, schmales Fahrzeug, fischförmig, fast wie ein Hai gestaltet. In der Mitte befindet sich ein niedriger verdeckter Kutschkasten – so könnte man es nennen –, wie bei einer Berline und doppelt so lang als bei einem Viersitzer. Ein einziger Kutschschlag dient zum Eintritt. Der Rücksitz hat zwei Plätze, noch einmal je zwei sind auf den beiden Bänken rechts und links, diese bleiben aber meist frei und dienen nur denen im Rücksitz als Fußlage. Dieses Räumchen ist wie unsere Kutschen nach drei Seiten offen, kann aber, wie man wünscht, durch Glasfenster oder mit schwarzem Tuch bespannte Holzrahmen geschlossen werden, die man zwischen

Führungsnuten auf- und nieder oder seitlich in den Gondelkasten hineinschiebt. Ich hoffe, Sie haben mich begriffen. Der Gondelkopf trägt zur Erhaltung des Gleichgewichts ein großes Eisen mit sechs breiten, waagrecht vorstehenden Eisenzähnen, so daß ich ihn mit dem aufgesperrten Haimaul vergleichen möchte, obwohl er einem Windmühlenflügel wohl geradeso ähnlich sieht.

Das ganze Boot ist schwarz bemalt und lackiert, mit schwarzem Tuch überzogen ist der Kutschkasten, mit schwarzem Samt gefüttert sein Inneres, und Kissen von schwarzem Saffian liegen auf den Sitzen. Selbst die größten Herren sind unbedingt an Schwarz gebunden und dürfen sich also nicht im geringsten von der Farbe des kleinsten Privatmannes unterscheiden. Auf diese Art ist es also ganz aussichtslos, den Insassen einer geschlossenen Gondel etwa erraten zu wollen. Hier ist man ganz wie in seinem Zimmer, kann lesen, schreiben, plaudern, sein Liebchen karessieren, trinken, essen und dabei in der ganzen Stadt umher seine Besuche machen.

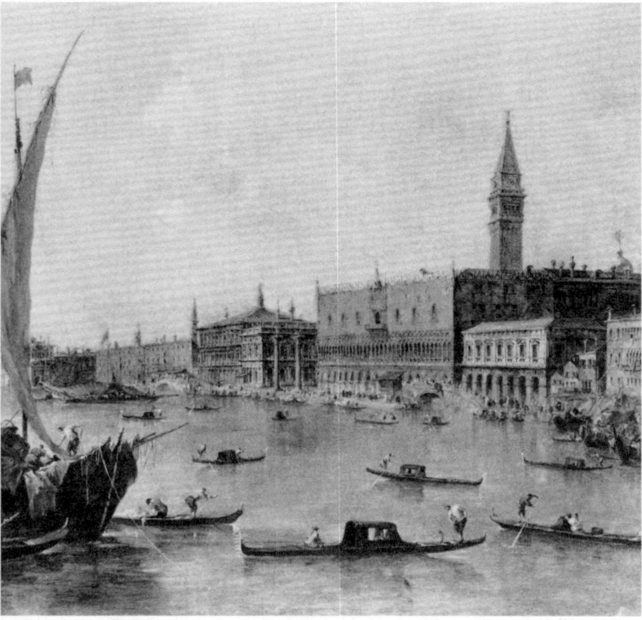

Blick auf den Dogenpalast. Gemälde von Francesco Guardi

Die zwischen 1543 und 1549 von dem bedeutenden Architekten Michele Sanmicheli erbaute Festung Forte di Sant'Andrea unweit der Nordspitze des Lido ist nur in ihrem Sockelgeschoss erhalten. Sie schützte die Einfahrt von der Adria in die Lagune. Als Casanova während seines ungeliebten Aufenthaltes im Seminar des Klosters Cipriano wegen unerlaubter nächtlicher Begegnungen mit einem Mitzögling Aufsehen erregt hatte, ließ ihn der Abate Grimani im Sommer vorsichtshalber für kurze Zeit dort festsetzen. Seine unbemerkte nächtliche Festungsflucht, die ihm beim Überfall auf seinen Widersacher Antonio Lucio Razzetta in der **Calle Bernardo** ㉖ unweit des Campo San Polo die Gelegenheit zur Rache und zugleich ein sicheres Alibi verschafft, ist in den Memoiren ein kleines Vorspiel zum großen Abenteuer der Flucht aus den Bleikammern. Razzetta hatte als Vertreter des Abate Alvise Grimani die Verbringung Casanovas in das Fort betrieben. Hier ist der Virtuose der Fortbewegung in seinem Element: Er gleitet von der Festung über das Wasser der Lagune an die Riva degli Schiavoni, durchquert zu Fuß das Sestiere San Marco, setzt über den Canal Grande,

Forte di Sant'Andrea. Gemälde von Francesco Guardi

späht den Tatort sowie sein Opfer aus und findet eine Nische, ihm aufzulauern.

Ein berufener Leser dieser Passage war Stendhal, der Casanovas *Histoire de ma Vie* bei ihrem ersten Erscheinen in Frankreich ab 1826 sofort zur Kenntnis nahm. Spuren dieser Lektüre begegnet man in Stendhals italienischen Novellen, vor allem aber in manchen Zügen des jungen Fabrizio del Dongo, des Helden der *Kartause von Parma*, auf Schritt und Tritt.

Giacomo Casanova Der nächtliche Überfall

Unter mehreren Gondolieri, die Proviant heranführten, fiel mir einer auf, der sich Biagio nannte. Als ich ihm meinen Vorschlag machte und ihm eine Zechine in Aussicht stellte, versprach er mir, im Lauf des nächsten Tages Bescheid zu geben. Dann sagte er mir, er sei bereit; er hatte sich nur zuvor erkundigen wollen, ob ich ein wichtiger Häftling sei. Die Frau des Majors hatte ihm gesagt, ich sei nur wegen einiger jugendlicher Streiche in Arrest. Wir kamen überein, daß er sich bei Einbruch der Nacht unter meinem Fenster mit seinem Boot einfinden solle, das einen langen Mast haben müsse, damit ich mich daran halten und hinabgleiten konnte …

Ich stieg an der Riva degli Schiavoni bei der Kirche San Sepolcro aus und ließ den Schiffer warten. Ich war in einen Matrosenmantel gehüllt. Ich ging geradewegs nach Sant' Agostino in die Via Bernardo und ließ mich vom Kellner des Cafés vor die Tür von Razzettas Haus führen. Eine Viertelstunde vor Mitternacht erschien er aus der Richtung des Campo di Polo. Mehr brauchte ich nicht zu wissen; so kehrte ich denn zu meiner Barke zurück und fuhr wieder zur Festung, die ich ohne die geringste Schwierigkeit durch das gleiche Fenster wieder betrat. Um fünf Uhr sah mich alle Welt im Kastell herumspazieren … Am Tage vor der mit Biagio vereinbarten Nacht ging ich mit dem jungen Alvise Zen spazieren, dem Sohn des Adjutanten, der erst zwölf war und mir durch seine durchtriebenen Streiche viel Spaß machte …

Während ich also mit diesem Knaben spazierenging, tat ich, als hätte ich mir beim Herabspringen von einer Bastion den Fuß verstaucht. Ich ließ mich von zwei Soldaten in meine Kammer tragen, und da der Wundarzt der Festung eine Verrenkung vermutete, wickelte er mir in Kampferwasser getränkte Tücher um die Knöchel und verordnete mir strenge Bettruhe. Alle Welt besuchte mich, und ich äußerte den Wunsch, mein Soldat solle als Pfleger bei mir bleiben und in meiner Kammer schlafen. Er war ein Mann, bei dem ein einziges Glas Branntwein genügt, um ihn völlig betrunken zu machen und wie einen Sack schlafen zu lassen. Sobald ich sah, daß er schlief, schickte ich den Wundarzt und auch den Geistlichen hinaus, der in einer Kammer über der meinen wohnte. Es war halb elf Uhr, als ich mich in die Barke hinunterließ.

Kaum in Venedig angelangt, erstand ich für einen Soldo einen tüchtigen Stock und setzte mich dann auf die Schwelle der vorletzten Haustür vor dem Campo San Polo. Ein kleiner Kanal am Eingang der Straße schien mir wie geschaffen zu sein, um meinen Feind hineinzuwerfen. Dieser Kanal ist heute nicht mehr zu sehen; man hat ihn einige Jahre später zugeschüttet.

Eine Viertelstunde vor Mitternacht sah ich ihn langsamen und gemessenen Schrittes herankommen. Ich trat rasch aus der Gasse hervor und hielt mich dicht an der Mauer, um ihn zu nötigen, mir Platz zu machen; ich versetzte ihm den ersten Hieb auf den Kopf, den zweiten auf den Arm, und ein dritter, noch derberer, beförderte ihn höchst unsanft in den Kanal, wo er ein großes Geschrei erhob und meinen Namen rief. In diesem Augenblick trat ein Friauler mit einer Laterne in der Hand aus einem Haus zu meiner Linken; ich versetzte ihm einen Schlag auf die Hand, er ließ die Laterne fallen und machte sich durch die Gasse davon. Ich warf meinen Stock weg, lief wie der Wind über den Platz und über die Brücke, während die Leute zu der Ecke des Platzes eilten, wo sich der Vorfall abgespielt hatte. Ich überquerte den Kanal bei San Tomà, und in wenigen Minuten saß ich wieder in meiner

Barke. Der Wind blies sehr stark, doch da er mir günstig war, setzte ich das Segel und fuhr in die Lagune hinaus. Es schlug gerade Mitternacht, als ich durch das Fenster in mein Zimmer stieg.

Der rabiate Streuner

Der **Campo Sant'Angelo** ⑧ hat seinen Namen von der dem Erzengel Michael geweihten Kirche, die hier stand und 1837 abgerissen wurde. Ob die Marmortafel, die Casanova als Ziel der Zerstörungswut der Ruhestörer bei den nächtlichen Streifzügen im Jahre 1746 nennt, erfunden ist oder wirklich existiert hat, lässt sich heute nicht mehr überprüfen.

Campo Sant'Angelo. Gemälde von Giovanni Antonio Canaletto

Wäre ich gezwungen gewesen, ein Geistlicher zu werden, so hätte ich das nur auf dem Weg der Heuchelei erreichen können und mich selbst verachtet; wäre ich aber weiter beim Kriegshandwerk geblieben, so hätte ich eine Geduld besitzen müssen, derer ich, wie ich wohl wußte, nicht fähig war. Nach meinem Dafürhalten mußte der gewählte Beruf einen Verdienst abwerfen, der für die Bedürfnisse des Lebens genügte; der Sold aber, den ich als Angehöriger der Armee der Republik erhalten hätte, wäre für mich unzureichend gewesen, denn aufgrund meiner Erziehung waren meine Bedürfnisse größer als die jedes anderen. Durch Geigen verdiente ich genug, um für meinen Unterhalt sorgen zu können, ohne auf irgend jemanden angewiesen zu sein. Glücklich, wer sich rühmen kann, keiner Hilfe zu bedürfen. Meine Anstellung war nicht vornehm, aber daraus machte ich mir nichts. Da ich alles als Vorurteil abtat, nahm ich in kurzer Zeit alle Gewohnheiten meiner nichtswürdigen Kameraden an. Nach der Vorstellung ging ich mit ihnen in die Weinschenke, die wir erst verließen, wenn wir betrunken waren, um dann die Nacht in üblen Häusern zuzubringen. Wenn wir dort Besucher vorfanden, zwangen wir sie, das Feld zu räumen, und prellten die unglücklichen Mädchen, die sich unserem rohen Verlangen fügten, um den mageren Lohn, den das Gesetz ihnen zubilligt. Durch solche Gewalttaten setzten wir uns oft mutwillig großen Gefahren aus.

Wir verbrachten häufig die Nächte damit, die verschiedenen Stadtviertel zu durchstreifen und alle erdenklichen Unverschämtheiten zu ersinnen und durchzuführen. Wir vergnügten uns damit, an der Wasserseite der Häuser die Gondeln loszubinden, die dann leer mit der Strömung des Wassers von einem Ufer des Canal Grande zum anderen getrieben wurden, und lachten im voraus über die Verwünschungen, mit denen die Gondolieri uns am Morgen bedenken würden, wenn sie ihre Gondeln nicht dort fanden, wo sie diese festgemacht hatten.

Häufig weckten wir Hebammen, ließen sie sich ankleiden und mitkommen, um Frauen zu entbinden, die sie bei ihrem Erscheinen für verrückt halten mußten. Den gleichen Streich spielten wir den berühmtesten Ärzten; wir störten ihre Nachtruhe, um sie zu Adligen zu schicken, die angeblich einen Schlaganfall erlitten hatten. Wir trieben auch die Priester aus ihren Betten, um durchaus gesunden Personen die letzte Ölung bringen zu lassen, weil sie angeblich im Sterben lagen.

In einer sehr dunklen Nacht beschlossen wir, eine große Marmortafel umzustürzen, die eine Art Denkmal war. Die Tafel stand fast in der Mitte der Piazza Sant'Angelo. Man erzählte, daß zur Zeit des Krieges, den die Republik gegen die Liga von Cambrai führte, die Werber auf dieser großen Tafel den Rekruten, die sich als Soldaten im Dienste des Heiligen Markus verpflichteten, das Handgeld ausbezahlten.

Wenn wir in einen Glockenturm eindringen konnten, war es uns ein großer Spaß, die ganze Pfarre durch die Sturmglocke zu alarmieren, die bei einem Brand geläutet wird, oder auch alle Glockenseile abzuschneiden. Wollten wir auf die andere Seite des Canal Grande, so nahmen wir nicht gemeinsam eine Gondel, sondern jeder von uns eine eigene, und wenn wir auf der anderen Seite ausstiegen, liefen wir davon, damit die Schiffer, die wir nicht bezahlt hatten, uns nachsetzten.

Die ganze Stadt beklagte sich über diese nächtlichen Flegeleien, und wir unsererseits machten uns über die Untersuchungen lustig, die man anstellte, um die Störer der öffentlichen Ruhe zu entdecken. Wir mußten das Geheimnis sehr sorgsam hüten, denn wenn man uns erwischte, hätte man uns alle spaßeshalber auf einige Zeit auf die Galeere des Rates der Zehn stecken können, die gegenüber den beiden großen Säulen der Piazza San Marco lag.

Der Saal des Großen Rates
Stich von G. B. Brustolon nach Canaletto

DIE PATRIZIER

Den aristokratisch klingenden Namen ›Chevalier de Seingalt‹ führte Casanova nicht ohne Ironie statt auf eine natürliche Genealogie auf das Spiel mit den Buchstaben des Alphabets zurück: »Das Alphabet ist jedermanns Eigentum; das ist unbestreitbar. Ich habe acht Buchstaben genommen und so zusammengesetzt, daß aus ihnen das Wort ›Seingalt‹ entstand.« Rechtmäßig bewegt sich mit einem solchen Namen in aristokratischer Gesellschaft, wer darin nicht auffällt. Von Jugend auf hat Casanova Strategien der Mimikry im Umgang mit der Aristokratie eingeübt und die sich bietenden Zugangschancen zu den höheren Gesellschaftsschichten geistesgegenwärtig genutzt. Die Patrizier von Venedig waren seine erste Schule.

Die alte Adelsfamilie Grimani hatte mehrere Linien. Die Gönner der Familie Casanova residierten im **Palazzo Grimani** ㉕ nahe dem Campo Santa Maria Formosa, dort, wo der Rio di Santa Maria Formosa in den Rio di San Severo mündet. Wenn man die Calle Larga San Lorenzo entlanggeht, bis man auf den Rio di San Severo stößt, erhebt sich auf der gegenüberliegenden Seite der im mittleren sechzehnten Jahrhundert erbaute Palast. Casanova wohnte hier für kurze Zeit im Jahre 1743. Der Abate Alvise Grimani (1702–1783) war nach dem Tod des Vaters der Vormund Casanovas. Sein Bruder Michele Grimani (1697–1775) war Besitzer mehrerer Theater in Venedig, darunter des San Samuele. Ihm wurde von den Zeitgenossen eine Liebschaft mit Casanovas Mutter nachgesagt. Casanova hat in diesem Palazzo von Jugend

Der Campo Santa Maria Formosa
Radierung von Michele Marieschi

auf und auch noch nach seiner Rückkehr aus den Jahren des Exils verkehrt. Erst mit dem Skandal des Sommers 1782 (siehe Seite 125), in dem er den Sohn Michele Grimanis provozierte, schlossen sich hier für ihn die Türen endgültig.

Im **Palazzo Bellavite** ④ auf dem Campo San Maurizio (Nr. 2760) an der Ecke zur Calle del Piovan lebte nicht weit vom Kirchsprengel San Samuele Casanovas Mentor Giorgio Baffo (1694–1768). Die Fassade des Palastes soll zu Zeiten Casanovas mit Fresken von Veronese geschmückt gewesen sein. In den Jahren 1803 und 1804 wohnte hier Alessandro Manzoni.

Giorgio Baffo war der letzte Repräsentant einer alten Adelsfamilie, aus der zahlreiche Staatsmänner stammten. Er war an öffentlichen Ämtern, obwohl er einige innehatte, eher desinteressiert und verzehrte die Restbestände seines ererbten Vermögens abseits der politischen Machtzentren. In Casanovas Memoiren ist Baffo stets zur Stelle, wenn es gilt, der Neugier zu ihrem Recht zu verhelfen. Er stützt auf dem Burchiello die kopernikanische Entdeckung des Jungen und setzt dessen erste literarische Leistung ins rechte Licht. Sie fällt in das Frühjahr 1736 und ist Frucht der Unterweisung bei Doktor Gozzi in Padua. Beim Abendessen in der Calle della Commedia wird ein lateinisches Distichon als Aufgabe gestellt:

›*Discite, grammatici cur mascula nomina cunnus*
Et cur femineum mentula nomen habet.‹
Sagt mir, Grammatiker, warum *cunnus*,
die weibliche Scham, männlichen Geschlechts,
mentula, das männliche Glied, aber weiblich ist.

Die Antwort des jungen Giacomo lautete:

›*Disce quod a domino nomina servus habet.*‹
Wisse, daß immer der Sklave von seinem Herrn
den Namen hat.

Giorgio Baffo

Signor Baffo flüstert der Mutter des jungen Casanova die Übersetzung der Aufgabe und der elegant-frivolen Lösung ins Ohr und gibt ihr damit einen Vorgeschmack auf die späteren Schriften des Sohnes. Er vermittelte Giacomo im Frühjahr 1741 an Abate Biagio Schiavo (1676–1750), Verfasser vieler Gedichte und Abhandlungen, der ihn reines Schriftitalienisch und ›die

Sprache der Poesie‹ lehren sollte. Baffo selbst hat sich als Autor obszöner Gedichte im venezianischen Dialekt einen gewissen Nachruhm erworben. Obwohl er Mitglied im Obersten Gerichtshof war und seine Verse nur in handschriftlichen Fassungen kursierten, kam er ihretwegen mit den Behörden in Konflikt. Im Druck erschienen seine rüden Einsprüche gegen die Mode empfindsamer Schäferpoesie erst nach seinem Tod. Sein einstiger Schützling hat das Buch *Le Poesie di Giorgio Baffo* (Venezia, 1771) gekannt.

Der **Palazzo Malipiero** ⑤ am Campo San Samuele (Nr. 3200 und 3201) wurde im Jahre 1622 errichtet. Hier lebte Alvise Gasparo Malipiero (1664–1745). Die traditionsreiche Patrizierfamilie, der er entstammte, hatte zwei Dogen gestellt. Er war Mitglied im Senat der Republik Venedig. Als unmittelbarer Nachbar der Kirche San Samuele unterhielt er gute Beziehungen zum Pfarrer Tosello, der ihm Anfang 1740 den jungen Abate vorstellte. So gewann Casanova in unmittelbarer Nähe seiner Wohnung einen weiteren Protektor. In seinen Memoiren zeichnet er den Signor Malipiero als eine Mischung aus harmlosem Genießer und lüsternem Greis. »Dieser Senator, der auf alles außer auf sich selbst verzichtet hatte, hegte trotz seines Alters und seiner Gicht eine verliebte Neigung. Er liebte Teresa, die Tochter des Schauspielers Imer, der unweit seines Palazzo in einem Hause wohnte, dessen Fenster seinem Schlafzimmer gegenüber lagen. Das Mädchen war damals siebzehn Jahre alt, hübsch, launisch und kokett. Sie nahm Musikunterricht, um später zur Bühne zu gehen, saß immerzu am Fenster und hatte den Greis mit ihren Reizen völlig berauscht.«

Der angesehene Schauspieler Giuseppe Imer (ca. 1700–1758) wohnte in der Calle del Duca, heute **Corte del**

Der Palazzo Malipiero Barnabò in San Samuele

Duca Sforza ⑥. Man findet das Haus, dessen Rückseite in Blickweite zum Palazzo Malipiero liegt, unter den Nrn. 3063 und 3065. Hier wohnte eine Zeitlang auch Carlo Goldoni, der im Herbst 1734 zusammen mit Giuseppe Imer von Verona aus in Venedig eintraf. Giuseppes Tochter, die Schauspielerin und Sängerin Teresa Imer (1723–1797) debütierte im Jahre 1742 am Teatro San Samuele und zog später mit wechselhaftem Glück durch Europa.

Den Grund dafür, dass er die Gunst des Senators Malipiero rasch wieder verlor, schildert Casanova in seinen Memoiren so, als wolle er mit einer Szene aus dem Repertoire der Commedia dell'arte wetteifern. Aus dem Senator wird ein Pantalone, der den Jungen den Spaß verdirbt: »Als wir eines Tages alle drei bei dem Senator zu Mittag gegessen hatten, verließ er uns wie gewöhnlich, um seine Siesta zu halten. Die kleine Gardela, die zu ihrer Tanzstunde gehen mußte, ließ mich mit Teresa allein, die mir, obwohl ich ihr nie den Hof gemacht hatte, ausnehmend gefiel. Wir saßen nebeneinander vor einem Tischchen, mit dem Rücken zur Tür, hinter der wir unsern Gönner schlafend wähnten.

Da kam uns im Laufe des Gesprächs in unserer arglosen natürlichen Fröhlichkeit die Lust an, die Unterschiede unserer leiblichen Beschaffenheit zu vergleichen. Wir waren gerade im spannendsten Augenblick unserer Prüfung, als ein heftiger Stockhieb auf meinen Hals niedersauste, gefolgt von einem zweiten, dem noch weitere gefolgt wären, hätte ich mich nicht durch schleunigste Flucht zur Tür dem Hagel entzogen. Ich lief ohne Mantel und ohne Hut nach Hause. Eine Viertelstunde später erhielt ich beides mit einem Briefchen der alten Haushälterin des Senators, in dem sie mir kundtat, ich solle mich nicht mehr unterstehen, den Fuß in den Palazzo Seiner Exzellenz zu setzen.«

Im **Palazzo Soranzo** ㉗ nahe der Calle Bernardo am Campo San Polo (Nr. 2169–71) heiratete im Frühling 1746 der älteste Sohn des Hauses Cornaro della Regina ein Mädchen aus der Familie Soranzo di Polo. Die Fassade dieses aus dem fünfzehnten Jahrhundert stammenden Palazzo soll im achtzehnten Jahrhundert noch mit Fresken von Giorgione geschmückt gewesen sein. Die Hochzeitsfeierlichkeiten erstreckten sich über drei Tage. Casanova, der zu dieser Zeit als Violinist im Teatro San Samuele arbeitete und in der **Calle del Carbon** ⑫ in unmittelbarer Nähe des Teatro San Luca wohnte, war als Musiker eines der Orchester engagiert worden, die bei den Bällen aufspielten. An der Erzählung, wie Casanova auf dem Rückweg von der Hochzeit den Senator Bragadin kennenlernt, lässt sich bereits die Strategie des künftigen Abenteurers beim Umgang mit Aristokraten ablesen, deren Gunst er gewinnen will. Der Violinist spielt mit der Souveränität eines erfahrenen Schauspielers gegenüber dem Senator und seinen Freunden die Rolle des anonymen Gastes, der ihnen womöglich gleichgestellt ist. Mit dem Selbstbewusstsein des versierten Spielers

Der Palazzo Soranzo in San Polo. Stich von Marco Moro
aus dem neunzehnten Jahrhundert

setzt er seine Anwesenheit als Trumpfkarte, deren ›magische Kraft‹ den Stich macht. Der Vertrauensgewinn ist groß, als Adept der Zauberin von Murano wird der arme Violinist dem Senator unentbehrlich. So wird man reich.

Am dritten Tag, gegen Ende des Festes, verließ ich eine Stunde vor Tagesanbruch das Orchester, um nach Hause zu gehen. Als ich die Treppe hinabstieg, fiel mir ein Senator in roter Robe auf, der sich gerade zu seiner Gondel begab. Als er sein Taschentuch herauszog, sah ich, daß ein Brief neben ihm zu Boden fiel. Ich beeilte mich, den Brief aufzuheben, holte den edlen Herrn gerade ein, als er die Stufen hinabstieg, und gab ihn ihm zurück. Er dankte mir und fragte mich, wo ich wohne, und ich sagte es ihm. Er wollte mich unbedingt nach Hause bringen; ich nahm die Freundlichkeit an, die er mir erweisen wollte, und setzte mich neben ihn auf die Bank. Drei Minuten später bat er mich, seinen linken Arm zu schütteln, und sagte: »Der Arm ist so gefühllos, daß es mir tatsächlich so vorkommt, als gehöre er nicht mehr zu mir.« Ich schüttelte ihn mit aller Kraft und hörte ihn mit schlecht artikulierten Worten sagen, er fühle, daß er auch sein Bein verliere, und er meine, den Tod zu spüren.

Voll Schrecken zog ich den Vorhang auf, nahm die Laterne und leuchtete in sein Gesicht. Beim Anblick seines Mundes, der zum linken Ohr hin verzerrt war, und seiner erlöschenden Augen erschrak ich sehr.

Ich rief den Gondelführern zu, sofort anzulegen und mich aussteigen zu lassen, um einen Wundarzt zu holen, der Seine Excellenz rasch zur Ader lassen sollte; denn sicher habe er einen Schlaganfall erlitten.

Ich stieg aus. Wir hielten bei der Brücke der Calle Bernardo, auf der ich drei Jahre zuvor Razzetta Stockhiebe versetzt hatte. Ich lief in das nächste Café, und man zeigte mir das Haus, in dem ein Arzt wohnte. Ich klopfte stark, ich rief, jemand kam, der Mann wurde geweckt, ich drängte ihn und duldete nicht, daß er sich ankleidete; er nahm sein Etui und kam mit mir in die Gondel, wo er den Sterbenden zur Ader ließ; ich zerriß mein Hemd, um ihm einen Verband anzulegen.

Gleich darauf gelangten wir zu seinem Hause in Santa Marina; wir weckten die Dienerschaft, man hob ihn aus der Gondel heraus, man trug ihn in den ersten Stock seiner Wohnung, man kleidete ihn aus und legte ihn wie tot ins Bett. Ich beauftragte einen Diener, rasch einen Arzt zu holen; er ging hin, der Arzt kam und ließ ihn von neuem zur Ader. Ich setzte mich neben sein Bett und hielt es nun für meine Pflicht, mich nicht mehr zu entfernen.

Eine Stunde später kam ein mit ihm befreundeter Patrizier, dann ein zweiter; sie waren verzweifelt und fragten die Gondelführer aus, die ihnen sagten, ich könne sie viel besser über alles unterrichten als sie. Nun fragten sie mich, und ich sagte ihnen alles, was ich wußte; sie konnten nicht wissen, wer ich war und wagten auch nicht, mich danach zu fragen; ich sagte ihnen nichts. Der Kranke lag unbeweglich da; das einzige Lebenszeichen war seine Atmung. Man machte ihm warme Umschläge, und der Priester, den man geholt hatte, erwartete seinen Tod. Man empfing keine Besuche, die beiden Patrizier und ich waren die einzigen, die bei ihm blieben. Ich nahm mit ihnen, ohne das Zimmer zu verlassen, ein kleines Mittagessen ein. Gegen Abend sagte der ältere der beiden Patrizier, wenn ich zu tun hätte, könne ich ruhig fortgehen, denn sie würden selbst die ganze Nacht bei dem Kranken bleiben und auf Matratzen schlafen, die sie sich bringen ließen. Ich antwortete ihnen, ich würde in dem Lehnstuhl schlafen, in dem ich saß, denn ich wisse genau, daß der Kranke, wenn ich fortginge, sterben würde, und ebenso sicher sei ich, daß er nicht sterben könne, solange ich hier bliebe. Ich sah, wie sich die beiden wegen dieser Antwort erstaunte Blicke zuwarfen.

Von ihnen erfuhr ich schließlich beim Abendessen, daß der im Sterben liegende Herr Signor Bragadin war, der einzige Bruder des Prokurators gleichen Namens. Signor Bragadin war in Venedig ebensosehr wegen seiner Beredsamkeit und seiner staatsmännischen Fähigkeiten berühmt, wie wegen der Liebschaften, mit denen er sich in seiner stürmischen Jugend hervorgetan hatte. Er hatte für Frauen Torheiten begangen, die ihrerseits das gleiche um seinetwillen taten; er hatte viel gespielt und verloren, und sein Bruder, der Prokurator, war sein erbittertster Feind, weil er es sich in den Kopf gesetzt hatte, er habe ihn zu vergiften versucht. Er hatte ihn wegen dieses Verbrechens beim Rate der Zehn angeklagt, der ihn acht Monate später einstimmig für unschuldig erklärt hatte; aber der Prokurator hatte darob seine Meinung nicht geändert. Von seinem ungerechten Bruder bedrängt, der sich widerrechtlich die Hälfte seiner Einkünfte angeeignet hatte, lebte der Unschuldige indes friedlich als liebenswürdiger Philosoph mit aller Welt in Freundschaft. Er hatte zwei Freunde, nämlich die beiden, mit denen ich zusammen war; der eine stammte aus der Familie Dandolo, der andere aus der Familie Barbaro, und beide waren so ehrenwert und liebenswürdig wie er selbst. Er war schön, gelehrt, ein Spaßvogel und von sehr sanftem Charakter. Damals war er fünfzig Jahre alt...

Um Mitternacht glühte Signor Bragadin an allen Gliedern und war in eine lebensgefährliche Wallung geraten; ich erhob mich und sah, daß seine Augen wie erstorben waren und er nur mit Mühe atmen konnte. Auf meine Worte hin, man müsse den Patienten von dem befreien, was ihm den Tod bringen werde, erhoben sich die beiden Freunde von ihren Matratzen. Ohne ihre Antwort abzuwarten, entblößte ich seine Brust, entfernte das Pflaster, wusch ihn hierauf mit lauem Wasser, und drei oder vier Minuten später war er erleichtert, ruhig und in sanften Schlummer gesunken. Wir legten uns wieder nieder.

Der Arzt kam in aller Frühe und freute sich, seinen Kranken in guter Verfassung zu finden. Signor Dandolo sagte ihm, was wir getan hatten und aufgrund welcher Maßnahmen ihm der Kranke weniger krank vorkomme. Der Arzt beklagte sich über die Freiheit, die wir uns herausgenommen hatten, und fragte, wer seine Kur zunichte gemacht habe. Signor Bragadin sagte ihm, von dem Quecksilber, das ihn fast getötet hätte, habe ihn ein Arzt befreit, der mehr verstehe als er; und mit diesen Worten wies er auf mich.

Ich weiß nicht, wer uns von beiden mehr überrascht war, der Arzt beim Anblick eines jungen Mannes, den er nie gesehen hatte und den man ihm als den größeren Kollegen vorstellte, oder ich, der ich nicht glaubte, es zu sein. Ich bewahrte ein bescheidenes Schweigen und hatte mit Lachlust zu kämpfen, die ich aber bezähmte, während der Arzt mich musterte und mich mit Fug und Recht für einen unverschämten Scharlatan hielt, der es gewagt hatte, ihn auszustechen. Er sagte in kaltem Ton zum Kranken, er trete mir demnach seinen Platz ab, und wurde beim Wort genommen. Er ging, und so wurde ich der Arzt eines der hervorragendsten Mitglieder des Senates von Venedig. Im Grunde genommen war ich darüber hoch erfreut. Ich sagte nun dem Kranken, er brauche nur Diät zu halten, dann werde die Natur in der schönen Jahreszeit, der wir uns näherten, ein übriges tun.

Der entlassene Arzt Ferro erzählte diese Geschichte schnurstracks in der ganzen Stadt herum. Da das Befinden des Kranken sich von Tag zu Tag besserte, sagte ihm einer seiner Verwandten, der ihn gerade besuchte, jedermann wundere sich, daß er einen Geiger aus dem Theaterorchester als Arzt gewählt habe. Signor Bragadin antwortete ihm lachend, ein Geigenspieler könne mehr von der Heilkunst verstehen als alle Ärzte Venedigs.

Mir lauschte er wie einem Orakel. Seine beiden erstaunten Freunde schenkten mir die gleiche Beachtung. Da diese Ehrerbietung meine Kühnheit steigerte, sprach ich wie ein Naturkundiger, schulmeisterte und zitierte Autoren, die ich niemals gelesen hatte ...

Zu Beginn des Sommers war Signor Bragadin imstande, wieder im Senat zu erscheinen. Am Vorabend des Tages, an dem er zum erstenmal das Haus verließ, hielt er mir folgende Ansprache:

»Wer immer du seist, ich verdanke dir mein Leben. Deine Gönner, die dich zum Priester, Doktor, Advokaten, Soldaten, schließlich zum Geigenspieler machen wollten, waren nur Narren, die deinen Wert nicht erkannten. Gott befahl seinem Engel, dich in meine Hände zu geben. Ich habe dich erkannt; wenn du mein Sohn sein willst, mußt du mich nur als Vater anerkennen, und von Stund an werde ich dich in meinem Hause bis zu meinem Tode wie einen solchen halten. Räume für dich stehen bereit; laß deine Habseligkeiten herbringen, du hast einen Diener, deine Gondel wird bezahlt, du speist an unserem Tisch und erhältst zehn Zechinen im Monat. In deinem Alter gab mir mein Vater kein größeres Taschengeld. Sorge dich nicht um die Zukunft! Geh deinen Vergnügungen nach und mach mich zu deinem Vertrauten in allem, was dir zustoßen mag oder was du vorhast; du wirst in mir immer einen guten Freund finden.« Ich warf mich ihm sofort zu Füßen, versicherte ihn meiner Dankbarkeit und beglückte ihn mit dem holden Namen Vater. Ich schwor ihm Gehorsam als Sohn. Die beiden Freunde, die im Palazzo blieben, umarmten mich, und wir schworen uns ewige Freundschaft. Das, mein lieber Leser, ist die ganze Geschichte meiner Metamorphose und der glücklichen Zeit, in der ich vom schäbigen Stand eines Geigenspielers zu dem eines vornehmen Herrn aufstieg.

Vom Campo Santa Maria Formosa aus ist es nicht weit zum Campo Santa Marina. Wenn man von dort aus der Calle Scaletta folgt und auf die Brücke über den Rio di S. Lio tritt, blickt man zur rechten Hand auf die Fassade des **Palazzo Bragadin** ⑬.

Seine Baugeschichte reicht zurück bis ins fünfzehnte Jahrhundert, in die gotische Schicht der venezianischen Architektur. Casanova hatte hier vom 21. April 1746 bis zum März 1755 seinen Wohnsitz. Von hier aus reiste er im Frühjahr 1749 nach Norditalien, hierher kehrte er im Mai 1753 zurück, nachdem er zwei Jahre in Paris verbracht, anschließend im Herbst 1752 seinen Bruder Francesco nach Dresden begleitet hatte und dort mit der Mutter und der Schwester Maria Maddalena zusammengetroffen war. Beide hatten Frühjahr 1752 in der von Giacomo ins Italienische übersetzten lyrischen Tragödie »Zoroastre« mitgespielt.

Der Senator Matteo Giovanni Bragadin (1689–1767) gehörte in Venedig wie die Marquise d'Urfé in Frankreich zu den Gönnern, deren Vertrauen er nicht verlor. Auch die beiden Freunde Bragadins blieben ihm zeit ihres Lebens gewogen: Marco Dandolo (1704–1779) entstammte einem der berühmtesten Patrizierhäuser Venedigs, aus seiner Familie waren in früheren Jahrhunderten mehrere Dogen hervorgegangen; Marco Barbaro (1688–1771), der zu den »barnaboti«, den verarmten Aristokraten zählte, hinterließ bei seinem Tod Casanova eine kleine Leibrente. Alle drei Patrizier waren Junggesellen.

Wie die Marquise d'Urfé war Matteo Bragadin an den okkulten Wissenschaften und jener Variante der Kabbala interessiert, in der den Buchstaben Zahlenwerte zugeschrieben werden. Casanova trat ihm vom ersten Augenblick an als zahlenkundiger und zugleich heilkundiger Adept der Magie gegenüber. Seine Hauptquelle war Agrippa von Nettesheims Werk *De occulta philosophia* (1510). Casanova lässt in seiner *Histoire de ma Vie* keinen Zweifel daran, dass nur die Patrizier an die Universalmedizin, die Zahlenorakel, den Verkehr mit den Elementargeistern und den Stein der Weisen glaubten, nicht er selbst: »Ich verstand nun, wie leicht es für die alten heidnischen Priester gewesen war, einer unwissenden und leichtgläubigen Welt Ehrfurcht einzuflößen.« Wer ihn genau liest, wird Casanova diese abgeklärt-aufgeklärte Überlegenheit

Der Palazzo Bragadin
Stich von Marco Moro aus dem neunzehnten Jahrhundert

nicht so ohne Weiteres abnehmen. Zu zahlreich sind die Passagen, in denen er die Magie der Zahlen, wie halbherzig auch immer, zu Hilfe ruft. Zumindest ein Versprechen der Alchimie muss ihn fasziniert haben: das der ewigen Jugend. Denn der Feind seiner Abenteurerexistenz war das Altern.

Freilich waren solche ›Geheimwissenschaften‹, auch wenn mit rationalistischer Distanz praktiziert, in Venedig, wo jeder Anflug aufkeimenden Aufruhrs misstrauisch beobachtet wurde, nicht weniger suspekt als die Freimaurerei.

Der heutige Palazzo Martinengo-Mandelli am Campo San Marcuola in Cannaregio war der **Palazzo Memmo** ㉝. Casanova, der etwas älter war als die drei Brüder Andrea (1729–1793), Bernardo (1730–1815) und Lorenzo Memmo (geboren 1733), gab sich in den Jahren vor seiner Verhaftung im Juli 1755 als ihr geistiger Mentor. In seinen Memoiren vermutet er, die Mutter der drei Brüder habe ihn bei den Staatsinquisitoren angeklagt, ihre Söhne zur Freimaurererei verführt zu haben. Casanova war in der Tat im Jahre 1750 in Lyon einer Freimaurerloge beigetreten. Die Akten über Casanovas Verhaftung gehören zu den frühesten Dokumenten über das Auftauchen der Freimaurerei in Venedig. Bernardo und Lorenzo Memmo sollen Freimaurer gewesen sein. Zur Verbindung zwischen Casanova und den drei Brüdern trug zudem der in Briefen belegte gemeinsame Hang zur Frivolität bei. In den späten Jahren der Republik galten die Brüder als gebildete Förderer der Literatur und Künste. Bernardo, dem Carlo Goldoni seine Komödie *L'uomo di mondo* widmete, gehörte mit Angelo Querini zu den Vertretern einer liberalen Opposition, die sich den Verfolgungen der Inquisition ausgesetzt sah. Im Palazzo Memmo begegnete Casanova im Jahre 1777 dem jungen Lorenzo da Ponte (1749–1838), der hier für einige

Andrea Memmo
Stich von 1785

Lorenzo da Ponte
Portrait nach Nathan Rogers

Monate als Gast wohnte. Da Ponte beschreibt in seinen Memoiren das Haus seines Gastgebers Bernardo als Ort gebildet-aufgeklärter Geselligkeit.

Im **Palazzo Diedo** ㉞ an den Fondamenta Diedo, Cannaregio Nr. 2386 mit beeindruckender Wasserfassade zum Rio di Santa Fosca veranstaltete der Hausherr Girolamo Diedo literarische Zusammenkünfte, an denen Casanova in den späten 1770er Jahren nach seiner Rückkehr nach Venedig teilnahm. Der zwischen 1710 und 1720 von dem Architekten Andrea Tirali errichtete Palazzo befindet sich heute im Besitz des Investors und Kunstsammlers Nicolas Berggruen. Nach zweijähriger Renovierungszeit wurde er im April 2024 zur 60. Biennale als Ausstellungsort für zeitgenössische Kunst eröffnet.

Im **Palazzo Zaguri** ㉑ aus dem fünfzehnten Jahrhundert am Campo San Maurizio mit der Rückseite zu den Fondamenta Corner Zaguri lebte Pietro Antonio Zaguri (1733–1806). Er war einer der vielen literarisch-künstlerischen Dilettanten in der venezianischen Aristokratie des

Rokoko, verfasste anakreontische Gelegenheitsgedichte und zeichnete architektonische Entwürfe für Kirchen und Theaterbauten. Anders als Andrea Memmo, in dessen Beiträgen zur Architekturdebatte sich ein strenger Klassizismus ankündigte, blieb Zaguri dem dekorativen Rokoko treu.

Er war zusammen mit Marco Dandolo, Francesco Grimani und anderen einer der wichtigsten Fürsprecher Casanovas bei den im Sommer 1772 beginnenden Versuchen, beim Tribunal in Venedig die Aufhebung des Verbannungsurteils zu erwirken. Persönlich kannte er Casanova damals noch nicht. Im Spätherbst besuchte er Casanova in Triest. Nach der Rückkehr im Jahre 1774 nahm Zaguri ihn zeitweilig in sein Haus auf. Der bis zum Tod fortgeführte Briefwechsel mit Zaguri war eine der wenigen festen Verbindungen Casanovas nach Venedig während seiner letzten Lebensjahre auf Schloss Dux. Auch bei Zaguri begegnete er dem jungen Lorenzo da Ponte, den er nach seinem endgültigen Abschied von Venedig in Wien und dann in Prag wiedersehen sollte. Man

Der Palazzo Zaguri
Stich von Marco Moro aus dem neunzehnten Jahrhundert

kann sich Casanova leicht im Gespräch mit da Ponte über dessen Libretto zu *Don Giovanni* vorstellen. Die Uraufführung von Mozarts Oper fand am 29. Oktober 1787 in Prag statt, wo Casanova zu diesem Zeitpunkt die Drucklegung seiner *Histoire de ma fuite*, der Erzählung seiner Flucht aus den Bleikammern, überwachte. Zwei kurze Szenenentwürfe, die er zum Libretto da Pontes beisteuerte, sind überliefert. Darin steht der Diener Leporello im Mittelpunkt. Ob Casanova, wie oft berichtet wurde, bei der Uraufführung anwesend war und am Vorabend Mozart getroffen hat, ist ungewiss.

Teatro San Moisè. Stich aus dem neunzehnten Jahrhundert

DIE THEATER

Venedig war im achtzehnten Jahrhundert die Theaterhauptstadt Europas. Einer der Gründe hierfür war die frühe Kommerzialisierung der Theater. Sie wurden von Patriziern einerseits mit repräsentativen Absichten, vor allem aber als gewinnbringende Unternehmungen gegründet. Die bis in die Renaissance zurückreichende Theatertradition Venedigs nahm durch die zahlreichen Neugründungen in der zweiten Hälfte des siebzehnten Jahrhunderts den entscheidenden Aufschwung. Das dichte Netz dieser im Barock entstandenen Theater war die Voraussetzung für die Entstehung des modernen Theaterpublikums im achtzehnten Jahrhundert. Stets erhielten die Theater den Namen des Kirchsprengels, in dem sie angesiedelt waren. Das Teatro San Cassiano lag im Sestiere San Polo. Die meisten Theater im Venedig Casanovas befanden sich im Sestiere San Marco. Carlo Goldoni zählt im ersten Band seiner Memoiren die wichtigsten Häuser auf: San Samuele, San Giovanni Crisostomo, San Luca, Sant'Angelo, San Moisè und San Benedetto.

Die nicht seltenen Theaterbrände, die durch die oft mit aufwendigen Holzverkleidungen ausgestatteten Innendekorationen begünstigt wurden, sorgten für kontinuierliche Umbauten und Restaurierungen. Alle originalen Inneneinrichtungen der venezianischen Theater des achtzehnten Jahrhunderts sind verschwunden, manche von ihnen aber auf zeitgenössischen Illustrationen festgehalten. Die Propaganda der Jesuiten des siebzehnten Jahrhunderts gegen die Theater war zu Casanovas Zeiten nur noch Vergangenheit, doch waren die Theater alles andere als erhaben über moralische Verdächtigung. Orte autonomer Kunst waren sie nicht. So festlich sie sich in ihren Dekorationen und Bühnenbildern gaben, so nah war

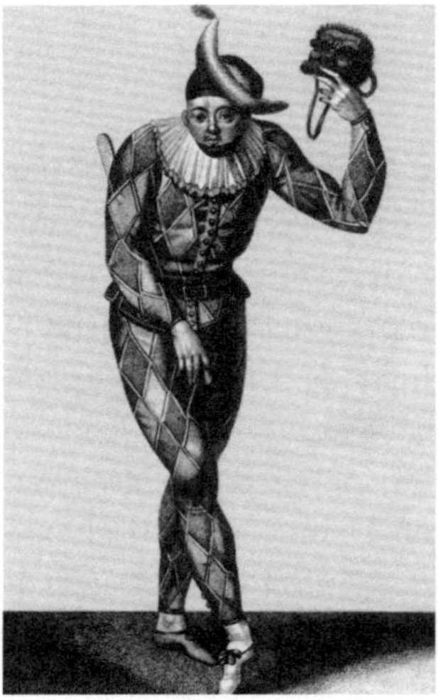

Arlecchino. Stich aus dem Ende des achtzehnten Jahrhunderts

ihnen auf der anderen Seite die Außenwelt, die Piazza, auf der man, wie vor San Marco, Bretterbühnen für die Darbietungen der Stegreifschauspieler aufschlug. Goldonis Theaterreform ist mit dem Schlagwort des ›Realismus‹, der in seinen Komödien Welt und Bühne annähert, nur unzureichend erfasst. Ebensosehr ging es ihm darum, das Theater als eigene Welt von den Jahrmarktsdarbietungen der Gaukler und der augenblicksverhafteten Commedia dell'arte abzugrenzen. Dazu gehörte die Aufwertung des Theaterautors, der zum literarischen Herrn der Sprache werden sollte, gegenüber dem Schauspieler, der als Virtuose der Improvisation und der Maske auftrat. Als im späteren achtzehnten Jahrhundert der Eingang zum Teatro San Giovanni Crisostomo ein Tympanon auf klassizistischen Säulen erhält, wird unverkennbar, dass in eine Welt mit eigenem Recht und eigener Ordnung treten soll, wer dieses Tor durchschreitet.

In Casanovas Memoiren ist häufig von Theaterbesuchen, selten aber von Stücken und konkreten Aufführungen die Rede. Anders als in den Memoiren des knapp zwanzig Jahre älteren Bühnenautors und -reformers Goldoni ist für ihn das Theater vor allem ein Ort, an dem man sich trifft, an dem Neuigkeiten gehandelt werden wie an einer Börse. Doch ist es nicht einfach eine nach innen verlagerte Piazza, sondern ein Ort der gelegentlich zweideutigen Verschränkung von Intimität und Öffentlichkeit.

Eine Sphäre des Halbdunkels nicht selten, in der die Theaterbetreiber zum Glück an den Kerzen sparen und sich der Liebhaber manche Freiheit herausnehmen kann. Das Theaterinnere gleicht weniger der Piazza, sondern der Stadt insgesamt. Wie die Palazzi stehen die Balkone und Logen, die von den Angehörigen der höheren Gesellschaft angemietet werden, auf den Rängen nebeneinander, die Schauseite nach außen gekehrt, aber möglichst nicht einsehbar von außen und zu diesem Zweck manchmal mit verschließbaren Läden versehen. Nur, dass man von ihnen nicht auf den Canal Grande blickt, sondern auf die Bühne und hinunter ins Parkett, wo die einfachen Leute die Vorstellungen stehend verfolgen.

Teatro San Samuele ③. Als zu Beginn von Hugo von Hofmannsthals Romanfragment *Andreas* der Held im September 1778 vom Barkenführer an der steinernen Treppe einer Anlegestelle abgesetzt wird, tritt ein Maskierter auf den Ankömmling zu und vermittelt ihm sogleich ein Quartier ganz in der Nähe. Es befindet sich gegenüber einem grauen Gebäude, »das ihm zu groß für ein Bürgerhaus, zu dürftig für einen Palast erschienen war und vor dessen Tor breite Steinstufen ins Wasser führten«. Es stellt sich heraus, dass alle Bewohner des glücklich gefundenen Quartiers im Haus gegenüber arbeiten: als Dekorationsmaler und Feuerwerker, Logenschließerin oder Lichtputzer.

Das graue Haus ist das Teatro San Samuele. Hofmannsthals Held ist, wohl kaum zufällig, mitten in die Herkunftswelt Casanovas geraten. Und sein Autor wird gewusst haben, dass er ein verschwundenes Gebäude beschrieb: Das Theater war im Jahre 1894 abgerissen worden. Giovanni Grimani hatte es im Jahre 1655 errichtet. Ursprünglich als Spielort für die Komödie gedacht, hatte es sich zu Beginn des achtzehnten Jahrhunderts dem Musiktheater geöffnet. Als im September 1747 ein Brand das Theater in Schutt und Asche legte, wurde es sogleich wieder aufgebaut und im Mai 1748 als eines der vornehmsten und am reichsten dekorierten Theater der Stadt neu eröffnet.

Noch in dem alten Bau hatte Casanovas Mutter in der Saison 1734–1735 ihre Auftritte. Sie hatte sich nach dem Tod ihres Mannes der Schauspieltruppe von Giuseppe Imer angeschlossen. In Verona war Carlo Goldoni dazugestoßen. Er beschreibt im ersten Teil seiner Memoiren, wie er im Oktober 1734 gemeinsam mit Imer bei Michele Grimani vorsprach und sogleich als Autor für das Teatro San Samuele engagiert wurde. Goldoni

Eintrittsbillett für das Teatro San Samuele, Karneval 1758

erzielte schon im November 1734 mit *Belisar*, einer Tragödie in Versen über den byzantinischen Feldherrn, seinen ersten großen Publikumserfolg. Im Gepäck hatte er zudem als Einschub für die Zwischenakte der Tragödie das Intermezzo *La Pupilla*, in dem er auf die Liaison zwischen der jungen Witwe Zanetta Casanova und Giuseppe Imer anspielte.

Als Casanova im Jahre 1746 im San Samuele als Violinist arbeitete, war seine Mutter schon längst an den sächsischen Hof nach Dresden gegangen.

Johann Caspar Goethe Im Theater

Nachdem ich den ganzen Tag lang die Straßen durchstreift hatte, nahte sich der Abend, und ich ging in die Oper von S. Grisostomo, um dort den Tag zu beschließen. Man braucht aber keinen Anstoß daran zu nehmen, daß das Theater den Namen eines Heiligen trägt, so als würde dieser die Oper bei sich zu Hause geben. Vielmehr heißt es so, weil es in der Nähe der Kirche dieses Namens liegt. Man gab dort *Adriano in Siria*. Ich schwöre Ihnen, daß ich ganz starr vor Staunen war, denn die Musik, die Ausstattung, die Kulissen, die Größe des Theaters, die Aufführung, das Orchester mit 40 bis 50 guten Musikern, die Kostüme der Hauptpersonen, alles war herrlich. Besonders prachtvoll war die wohldurchdachte Theatermaschinerie, mit der nach jedem Akt 14 Tänzer und Tänzerinnen auf die Bühne herabgelassen wurden. Die Opern beginnen hier um 8 Uhr nach deutscher Zeit und dauern bis 11 Uhr. Zur selben Zeit gab man in S. Angelo eine andere Oper mit dem Titel *Cleonice*; diese war aber weniger gut besucht, obwohl sie vom selben Wert ist. Jedenfalls hat die Signora Fumagallo, die Primadonna, alle anderen ausgestochen. Ihre Stimme ist nicht weniger schön als ihr Äußeres, und so wäre es ein Wunder, wenn sie sich nicht auch auf alles andere verstünde. Im Parkett der Theater findet man

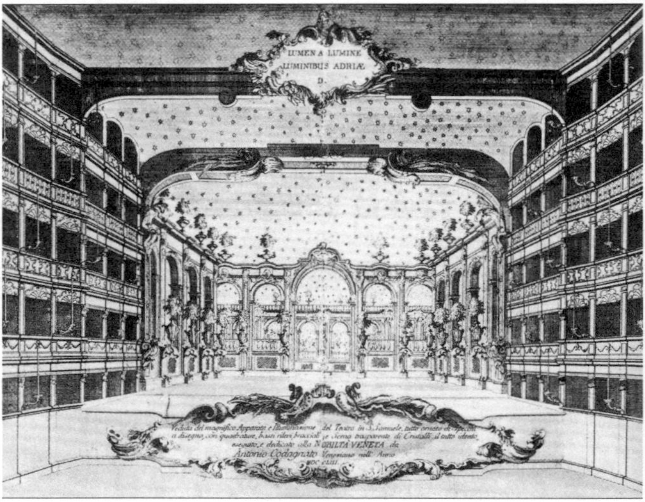

Das Teatro San Giovanni Crisostomo im Jahre 1753:
Bühnenausstattung von Antonio Codognato
für Goldonis Lustspiel *Il mondo alla roversa*

nur wenige Leute, weil man dort vor Speichel und anderem Unrat, der aus den Logen herunterfällt, nie sicher ist; diese abscheuliche Unsitte ist nur in Venedig üblich, dessen Bewohner meistenteils im Schmutz ebensogut leben können wie der Salamander im Feuer.

Unweit vom Palazzo Bragadin, am Campiello Malibran, findet man das im Jahre 2001 nach langwieriger Restaurierung neu eröffnete Teatro Malibran, das alte **Teatro San Giovanni Crisostomo** ⑩. Es wurde im Jahre 1677 ebenfalls von der Familie Grimani errichtet und zum Karneval 1678 feierlich eröffnet. Es steht zum Teil auf dem Areal des ehemaligen Marco-Polo-Hauses. Den jetzigen Namen erhielt es, als die Sängerin Maria-Felicia Malibran im Jahre 1835 ein Gastspiel im Teatro La Fenice gab und dem vom Ruin bedrohten San Giovanni Crisostomo eine Gratisvorstellung und, als das nicht reichte, die Gage schenkte, die sie als Desdemona erhalten hatte.

In der ersten Hälfte des achtzehnten Jahrhunderts war das Teatro San Giovanni Crisostomo das größte und am aufwendigsten gestaltete Theater in Venedig. Wie das San Samuele verkörperte es die barocke Tradition der üppigen Dekorationen, der ausgeklügelten Theatermaschinerie und der optischen Spiele mit illusionistischen Perspektiven und überraschenden Spiegeleffekten. Es war der Ort für die Triumphe der Oper, das teuerste Theater und eine der Touristenattraktionen der Stadt.

Als Johann Caspar Goethe, der Vater des Dichters, eine Vorstellung besuchte, war Carlo Goldoni seit drei Jahren Direktor des Theaters und blieb es bis ins Jahr 1741. Die Beschreibungen des zeitgenössischen Publikums zeigen, wie weit der Weg noch war zu jener konzentrierten Stille während der Aufführung, aus der im modernen Konzertsaal der Beifall erst am Ende hervorbricht. Casanova gehört noch ganz jenem Publikum an, das, während die Musik spielt, sich selbst aufführt. Es überdeckt die Rezitative mit Konversation, zieht sich in die Loge wie in ein Separée zurück und mag während der Vorstellung auf leibliche Genüsse nicht verzichten.

Jean-Jacques Rousseau hingegen, der Sekretär des französischen Gesandten in Venedig vom September 1743 bis zum August 1744, träumte schon im San Giovanni Crisostomo von einem Raum, in dem die Musiker, die Musik und der Hörer ganz mit sich allein wären. Nicht ohne Stolz berichtet Rousseau, dass auf Vermittlung des Ballettmeisters »das bewundernswerte Orchester« des San Crisostomo einige seiner eigenen Kompositionen aufführte und »eine kleine Bettina« dazu tanzte.

Ich hatte von Paris das Vorurteil mitgebracht, das man in diesem Lande gegen die italienische Musik hat. Aber ich hatte auch von der Natur jenes feine Gespür bekommen, gegen das die Vorurteile nicht standhalten. Ich empfand bald für diese Musik die Leidenschaft, die sie denen einflößt, die geschaffen sind, sie zu beurteilen. Als ich Barcarolen hörte, fand ich, daß ich bis dahin nicht hatte singen hören, und bald schwärmte ich für die Oper so, daß ich mich, angewidert von dem Schwatzen, Essen und Spielen in den Logen, während ich nur hören wollte, oft der Gesellschaft entzog, um auf die andre Seite zu gehen. Dort ganz allein, in meine Loge eingeschlossen, gab ich mich trotz der Länge der Vorstellung dem Vergnügen hin, sie nach meinem Behagen und bis zum Ende zu genießen. Eines Tags, im Theater San Crisostomo, schlief ich ein, und das viel tiefer, als ich es in meinem Bett getan hätte. Die lauten und glänzenden Arien weckten mich nicht. Aber wer könnte die köstliche Empfindung beschreiben, die mir die süße Harmonie und die engelhaften Gesänge einflößten, die mich erweckten!

Welch
Erwachen,
welch Entzücken,
welche Begeisterung,
als ich zugleich
Ohren und Augen öffnete!

Mein erster Gedanke war, ich sei im Paradies. Das entzückende Gesangsstück, an das ich mich noch erinnere und das ich nie im Leben vergessen werde, begann so:

Conservami la bella
Che si m'accende il cor.

Ich wollte die Noten dazu haben. Ich bekam sie und habe sie lange aufbewahrt. Aber es war auf meinem Papier nicht wie in meinem Gedächtnis. Es waren wohl dieselben Noten,

Andrea Urbani, *Carcere.* Szenenbild für die Oper *Astianatte* von G. Pampani (Musik) und A. Salvi (Text), die im Karneval 1755 in San Moisè aufgeführt wurde

aber nicht derselbe Klang. Diese göttliche Arie kann nur in meinem Kopf so ausgeführt werden, wie sie in Wirklichkeit an dem Tage ausgeführt wurde, als sie mich weckte.

Das **Teatro San Moisè** ⑭ nahe der gleichnamigen Kirche hat seinen Spielbetrieb im Jahre 1818 eingestellt. Heute ist von ihm nichts mehr zu sehen. Es lag zwischen zwei Gassen und hatte zwei Eingänge, einen von der Calle del Teatro und einen von der Calle Pedrocchi her. Es war schon im Jahr 1613 gegründet worden und vergleichsweise klein. Aber als es 1742 an die Brüder Gerolamo und Antonio Giustinian fiel, wurde es durch modernisierende Umbaumaßnahmen ein zugleich intimes und mondänes Theater, dessen elegante Innenausstattung nicht zuletzt an die Touristen adressiert war. Das nächste halbe Jahrhundert bis zum Ende der Republik war seine

Glanzzeit. Hier bespielte nicht nur der Komödienautor Goldoni die Bühne, sondern auch der Librettist, der sich in seinen Memoiren gern hinter dem Theaterreformer versteckt. In Zusammenarbeit mit dem Komponisten Baldassare Galuppi trug Goldoni zur Blüte der Buffo-Oper bei, so im Karneval 1750 mit den Stücken *Arcifanfano re de' matti* und *Il mondo della luna*. Im Karneval 1755 hätte Casanova wenige Monate vor seiner Verhaftung im San Moisè die Oper *Astianatte* sehen können, mit einer Kerkerdekoration im dritten Akt. Vielleicht hat er sie gesehen.

Das **Teatro Sant'Angelo** ⑪ befand sich unweit der Anlegestelle Sant'Angelo nahe dem Palazzo Corner-Spinelli am Campiello del Teatro. Errichtet wurde es im Jahre 1676 wie das Teatro San Samuele von den Grimani. Im frühen neunzehnten Jahrhundert wurde es aufgegeben und diente danach als Lagerhaus, ehe es ganz abgerissen wurde. Chef der Schauspieltruppe des Hauses war in den 1740er Jahren Girolamo Medebach. Er pachtete das Theater für die Spielzeit 1748/49 und verpflichtete als Autor Carlo Goldoni. Damit begann Goldonis Theaterreform in großem Stil. Einige Jahre zuvor hat er den *Diener zweier Herren* als Szenario eines Stegreifstückes für den Schauspieler Antonio Sacchi verfasst, der ihm den Stoff geliefert und die Titelrolle des Trufaldino gespielt hat. Nun will er das Gewicht des geschriebenen Wortes gegenüber der Improvisation, die Charakterisierung der

Antonio Sacchi als *Trufaldino*

Figuren durch den Dialog gegenüber der Typologie der Masken verstärken. Er hat dabei von Beginn an einen Konkurrenten, einen lästigen Rivalen, der schon seinen ersten Erfolg mit einer Parodie halb plagiiert, halb unterminiert: Pietro Chiari (1711–1785), dem es gelang, sich von Michele Grimani als Autor für das Teatro San Samuele und die Truppe Giuseppe Imers verpflichten zu lassen. Der Wettstreit des ›Abate‹ Pietro Chiari und des ›Avvocato‹ Goldoni um die Gunst des venezianischen Publikums begann in der Saison 1748/49 und erreichte seinen Höhepunkt in den Jahren 1753/54 und 1754/55. Goldoni war im Jahre 1753 ans Teatro San Luca, das heutige Teatro Goldoni, gewechselt, und Chiari hatte seinen Platz als Autor für die Medebach-Kompanie am Sant'Angelo eingenommen. Im Bereich des Musiktheaters, der Oper, gab es einen vergleichbar spektakulären Streit in Venedig nicht. Es ging um die Herrschaft über das Zentrum des von der Commedia dell'arte sich absetzenden Theaters, um die als literarische Gattung begriffene Komödie.

Pietro Chiari

Casanova berichtet in seinen Memoiren, wie er sich einem Zirkel von Chiari-Gegnern um den venezianischen Patrizier, Dichter und Diplomaten Marcantonio Zorzi (1703–1787) anschloss: »Dieser Mann liebte auch das Theater, und nach Autorenruhm strebend, hatte er eine Komödie geschrieben, die vom Publikum ausgepfiffen worden war. Da er sich in den Kopf setzte, sein Stück sei nur auf Grund einer Kabale durchgefallen, die Abate Chiari, der

Carlo Goldoni

Dichter am Teatro Sant'Angelo gegen ihn angezettelt habe, wurde er ein erklärter Gegner aller Komödien dieses Abate. Ich fand unschwer Zugang zur Gesellschaft dieses Signor Zorzi, der einen guten Koch und eine hübsche Frau hatte. Er wußte, daß ich Chiari als Autor nicht schätzte; übrigens bezahlte er Leute, die alle Stücke Chiaris unbarmherzig auspfiffen. Mein Beitrag bestand nun darin, sie in martellianischen Versen, schlechten Versen, die damals sehr in Mode waren, zu kritisieren, und Signor Zorzi verteilte Abschriften meiner Kritiken.«

Die ›martellianischen‹ Verse waren italienische Nachahmungen des französischen Alexandriners. Casanova hat sie wohl vor allem aus Hass gegen Chiari verfasst, mit dem er persönlich aneinandergeriet und der ihn in einem seiner Romane mit leichter Hand als einen gewissen ›Signor Vanesio‹ karikierte. Eine durchdachte Parteinahme für Goldoni scheint den erwähnten Versen wie den Epigrammen, mit denen er Chiari verfolgte, nicht zugrunde gelegen zu haben.

Lange hat die Nachwelt in Chiari nur den skrupellosen Plagiator und Kompilator gesehen. Er war aber mehr: ein genau das gefräßige Publikum beobachtender, jede seiner Regungen mit feiner Witterung aufgreifender Virtuose der Einfühlung in die Mode, der nicht nur abschrieb, sondern ein Feuerwerk von radikal publikumsorientierten Ideen abbrannte. So bei der dramatischen Bearbeitung von Henry Fieldings Roman *The History of Tom Jones* oder beim Import der französischen Comédie larmoyante und nicht zuletzt bei der erfindungsreichen Ausbeutung des zeitgenössischen Exotismus. Goldoni ging im Jahre 1762 nach Paris, Chiari kehrte ungefähr zur gleichen Zeit in seine Heimatstadt Brescia zurück. Wenn Casanova in seinen Memoiren in der Unterredung mit Voltaire von Goldoni sagt, er sei ›unser Molière‹, so liegt darin ein Echo auf den Theaterstreit der fünfziger Jahre, in dem beide Kontrahenten, Goldoni und Chiari, um die Nachfolge Molières rivalisiert hatten.

Carlo Gozzi

Der neue Theaterstreit, in dessen Verlauf die Kontrahenten Goldoni und Chiari sich plötzlich gemeinsam angegriffen fanden, begann erst in der Spielzeit 1756/57, nachdem Casanova aus den Bleikammern geflohen war und Venedig verlassen hatte: mit Carlo Gozzis Schlachtruf, nur von der Rückkehr zur Commedia dell'arte und ihrer Verschmelzung mit dem Wunderbaren der Märchentradition sei die Wiedergeburt des venezianischen Theaters zu erhoffen.

Casanova hat sich in seinen letzten Jahren in Venedig am Sant'Angelo selbst als Impresario versucht. Er engagierte für die Saison 1780/81 eine französische Schauspieltruppe, um eine Reihe von Komödien und Tragödien in französischer Sprache aufzuführen. Dem geringen Interesse des Publikums an diesem Programm konnte auch die kurzlebige Zeitschrift *Le Messager de Thalie* nicht aufhelfen, die Casanova eigens als eine Art Werbebroschüre für Gebildete herausgab.

Unter anderen war da ein gewisser Signor Vanesio von unbekannter, und, wie man sagte, nicht legitimer Herkunft, eine gute Erscheinung mit dunkler Hautfarbe, der mit affektiertem Gehabe und unbeschreiblicher Freimütigkeit auftrat und sich anmaßte, mein Liebhaber werden zu wollen; doch hatte er nicht das geringste, was ihn liebenswert machen könnte. Er war eine jener Erscheinungen der Gesellschaft, von denen man nicht weiß, wie sie glänzen, ich meine, wie sie es fertigbringen zu leben, und herrschaftlich zu leben, obwohl sie weder über Besitztümer unter der Sonne, noch über Ämter, noch über Fähigkeiten verfügen, die ihnen jenen ehrenvollen Lebensstil ermöglichen würden, den man nach ihrem Aussehen bei ihnen voraussetzen muß. Er war von einer Schwärmerei für alles Fremde und jenseits der Alpen Kommende besessen, führte nur London und Paris im Munde, beinahe als ob die Welt außerhalb jener beiden großartigen Metropolen nicht existierte. Tatsächlich hatte er dort eine Zeitlang gelebt, doch weiß ich nicht als was und mit welchem Erfolg. London und Paris mußten in allen seinen Reden vorkommen, London und Paris waren die Maßstäbe seines Lebens, seiner Kleidung und seiner Studien, was in einem Wort gleichbedeutend ist mit seiner Torheit. Immer war er herausgeputzt wie ein Narziß, immer hochtrabend und aufgeblasen wie ein Luftballon, immer in Bewegung wie ein Wasserrad, und immer machte er sich damit zu tun, sich in alles hineinzumischen, allen Frauen gegenüber den Galan zu spielen und sich alle günstigen Gelegenheiten zunutze zu machen, die ihm die Möglichkeiten boten, entweder zu Geld zu gelangen oder in der Liebe Erfolge zu erringen. Dem Geizigen gegenüber spielte er den Alchimisten, den Schönen gegenüber den Dichter, dem Einflußreichen gegenüber den Politiker, allen gegenüber alles, dem Urteil der Vernünftigen nach jedoch mit keinem anderen Erfolg, als sich lächerlich zu machen. Unbeständig wie die Luft, die sein Hirn füllte, war er im kurzen Lauf eines Tages erklärter Freund und unversöhnlicher Feind der gleichen Person. Nachdem er mich wegen meines Gesichtes gepriesen und mich bis über die Sterne erhoben hatte, war er fähig, mich in die tiefste Hölle zu versetzen, kaum daß er mir den Rücken gedreht hatte.

An der Stelle des seit langem geschlossenen Cinema Rossini nahe dem Campo Manin stand das **Teatro San Benedetto** ㉒. Im Jahre 1875 wurde es in Teatro Rossini umbenannt. Es war (mit dem Teatro La Fenice, aber lange vor ihm) das einzige bedeutende Theater im Venedig des achtzehnten Jahrhunderts, das in diesem Jahrhundert selbst errichtet wurde. Es wurde im Jahre 1755 eröffnet und sollte dem Teatro San Giovanni Crisostomo den Rang ablaufen. Im November 1756 wurde ein Dekret erlassen, das die Errichtung weiterer Theater verbot. Der Haupteingang des neuen Theaters führte auf den Rio San Luca, so dass das Theater für die Begüterten

Fest im Teatro San Benedetto zu Ehren
des russischen Großfürsten und seiner Gemahlin
am 22. Januar 1782. Stich von A. Baratti nach Canaletto

bequem mit der Gondel erreichbar war. Der mit diesem Bau eingeleitete Abschied von der barocken Theaterarchitektur wurde beschleunigt, als das San Benedetto im Jahre 1773 niederbrannte und über Jahre hinweg wieder aufgebaut und erneuert wurde. Francesco Algarotti hatte in seinem *Saggio sopra l'Opera in musica* (1755) für eine ›leichte‹ Architektur und Innendekoration plädiert, die sich der Sichtbarkeit und Hörbarkeit der Aufführungen unterordnet, und inzwischen zahlreiche Nachfolger gefunden. Die dekorativen Stuck- und Holzverzierungen sahen sich praktischen Erwägungen ausgesetzt. Die Eleganz des späten Rokoko nahm klassizistische Elemente in sich auf. Für die Zurückdrängung des Ornamentalen trat vor allem Andrea Memmo ein. Er war ein Anhänger der rationalistischen Architekturtheorie und maßgeblich beteiligt an dem seit 1789 vorangetriebenen Projekt eines neuen Theaters, des La Fenice – es war der letzte Theaterbau der Republik und wurde fünf Jahre vor ihrem Untergang eröffnet.

Zuvor aber fand im Teatro San Benedetto eines der letzten großen offiziellen Feste der Republik statt. Es war Teil einer ganzen Reihe von Veranstaltungen zur Feier des Besuchs der ›Fürsten aus dem Norden‹, des russischen Großfürsten Pawel Petrowitsch und seiner Gattin, im Januar 1782. Es waren die letzten Feierlichkeiten, die Casanova in Venedig erlebte.

DIE STADT ALS BÜHNE

Venedig, wie es Casanova in seinen Memoiren entwirft, ist vor allem eins: Schauplatz. Weder auf seine Kunstschätze noch auf seine Architektur fällt je ein Blick, der auf ihnen ruhen bliebe. Wenn die Namen von Kirchen, Palästen, Monumenten oder Plätzen fallen, so nicht als Auftakt einer Beschreibung, sondern als Orientierungspunkte, deren idealer Adressat ein Leser ist, der sich in Venedig gut auskennt. Allzu sehr ist der Erzähler Casanova mit der Handlung beschäftigt, als dass er mehr tun könnte, als sie flüchtig, aber erkennbar im Stadtraum zu fixieren. Nicht, dass er für die vielgerühmte Schönheit Venedigs nicht empfänglich oder dass sie ihm, dem Einheimischen, allzu vertraut und selbstverständlich wäre. Vielmehr konzentrieren sich alle seine Energien als Erzähler auf den Gegenstand, den er am besten kennt: die Gesellschaft. Sie ist das Medium, in dem allein der Held dieser Memoiren lebensfähig ist, in dem er aufblüht und sich verausgabt.

Vor der Einsamkeit hat Casanova, der dem Leser kaum einmal anders als in Gesellschaft begegnet, den Horror vacui. Für die Natur als Landschaft empfindet er wenig. Literarische Entsprechungen zu den Stadtansichten auf den Bildern, Zeichnungen und Kupferstichen des achtzehnten Jahrhunderts gibt es bei ihm nicht. Dass ihm Venedig vor allem Schauplatz ist, heißt: Es hat für den Memoirenautor Casanova die gleiche Bedeutung wie für den Komödienautor Goldoni die Bühne. In dieser Annäherung von Stadtraum und Bühnenraum kommt Casanova der Umstand entgegen, dass er dabei ein wesentliches Element der venezianischen Alltagskultur aufgreifen kann: die Allgegenwart der Masken.

Die lange Zeit des Maskentragens reichte in der Regel vom Oktober bis zum Ende des Karnevals im Frühjahr. Sie war lediglich durch eine neuntägige Pause vor Weihnachten unterbrochen, bis mit dem Stephanstag, dem 26. Dezember, wieder die Zeit der Masken begann. Man sollte deren Bedeutung nicht allein von der Vielfalt der Typen her verstehen, die an den Höhepunkten des Karnevals ihre Auftritte hatten.

Johann Caspar Goethe Karneval in Venedig

Venedig, am 27. Februar 1740

Ich weiß gar nicht, wie ich Ihnen eine umfassende Beschreibung der gegenwärtigen Tage geben soll, in denen der Karneval seinem Ende zugeht. Die gesamte Stadt scheint jetzt in ihrem närrischen Wesen derart trunken und rasend zu werden, daß ich vor Staunen und Schrecken ganz starr bin. Die Venezianer wetteifern derzeit so sehr miteinander, daß sie sich sogar in ihren Tollheiten noch zu übertreffen suchen und dabei die Grenzen zum Anstößigen überschreiten. Sie geben sich auch nicht mehr damit zufrieden, in ihren Masken verschiedene Personen nachzuahmen, wie etwa Schäfer und Schäferinnen, Gärtner, Bauern, Amerikaner, Afrikaner, venezianische Nobili und Ähnliches mehr, was der menschliche Verstand nur immer ersinnen kann; man schämt sich nicht einmal, sich als Kranker, Verwundeter, Krüppel oder Aussätziger zu verkleiden, sondern umwickelt sich mit von Schmutz starrenden und blutbefleckten Lumpen und zeigt sich in dieser Aufmachung an den belebtesten Orten, damit man sich von den Vorübergehenden bestaunen oder vielmehr verabscheuen lassen kann. In solch ekelhafter Aufmachung verbringen diese Leute beinahe den ganzen Tag und scheren sich nichts um den, der doch alles sieht und alle ihre vorgetäuschten Gebrechen in einem einzigen Augenblick in echte verwandeln könnte, wie sie es auch wirklich verdient hätten … Die Regierung hätte diesem ausschweifenden Maskentreiben leicht Zügel anlegen können, aber sie will oder darf es nicht. Falls ich hierüber eine Vermutung äußern soll: es scheint mir, daß die Republik absichtlich die Augen vor diesen Tollheiten verschließt, damit sie bei anderer Gelegenheit um so gehorsamere Untertanen hat; deshalb überläßt sie die Verantwortung für solch böse und ruchlose Handlungen jedem einzelnen selbst.

Im Alltag, auch im Alltag der Feste und des Theaters war nicht die Anverwandlung des Trägers an irgendeinen bestimmten Typus das Entscheidende, sondern seine Anonymisierung. So hat sich Carlo Goldoni maskiert das Stück seines Konkurrenten Chiari im Teatro San Samuele angeschaut. Casanovas Memoiren aber sind hierfür das anschaulichste Beispiel. Für ihn ist die Maske stets und vor allem Garantin des Inkognito, er trägt sie nicht aus purer Lust an der Verkleidung, sondern nutzt sie als Requisit seiner Intrigen, als stumme Gehilfin zumal seiner Liebesabenteuer. Da aber die Maske ein Element

Die letzte Nacht des Karnevals
Stich aus dem achtzehnten Jahrhundert

des Alltags ist – wie es die Bilder von Pietro Longhi, Francesco Guardi und Tiepolo bezeugen –, wird die Grenze zwischen Gesellschaft und Bühne porös und gewinnt das Leben einen Zug ins Theatralische. Casanovas Memoiren folgen bei der Erzählung des Lebens immer wieder den dramaturgischen Gesetzen der Komödie.

Verliebte Pulcinella. Ausschnitt aus einem Fresko von Giandomenico Tiepolo in Ca' Rezzonico, Venedig

Vom Campo San Samuele ist es nicht weit zur **Calle Garzoni** ⑨, heute Calle del Traghetto Garzoni, die auf den Canal Grande zuführt. Im achten Kapitel des zweiten Bandes von Casanovas Memoiren wohnt hier der Verführer Zanetto Stefani, der mit den Mitteln der Komödie in die Enge getrieben wird. Wenn man weiterliest, kommt man zu jener Cristina-Episode, in der Casanovas Ideal des untragischen Verführers den größten Glanz gewinnt. Hier wartet am Ende auf das Mädchen aus der Provinz, das er erobert, die Hochzeit, die ihre Ehre sichert. Nur ist nicht ihr Verführer der Bräutigam, sondern ein Stellvertreter, den er sorgsam ausgesucht hat. Hofmannsthal hat in *Cristinas Heimreise* diese Episode in die Komödie verwandelt, die in ihr steckt.

Von der Calle del Traghetto Garzoni aus, wo es einen festen Halteplatz gibt, kann man ein Stück des langen Weges zum **Palazzo Contarini dal Zaffo** ㉙ in Cannaregio auf dem Canal Grande zurücklegen. Der Palast liegt an den Fondamenta Gasparo Contarini (Nr. 3539) unweit der Kirche Madonna dell'Orto, wo Jacopo Tintoretto (1518–1594) begraben ist und einige seiner Werke hängen. Hier gab Casanova in seiner Affäre mit der jungen Giovanna Marchetti im Jahre 1750 den Part des bis zur Frechheit selbstbewussten Verführers, der sich ein Heiratsversprechen nicht abzwingen lässt. Als ›Feind aller Eifersüchtigen und als Freund verliebter Abenteuer‹ hatte er ein junges Mädchen mit juristischen Tricks aus dem Haus ihres Vetters, eines Abate, der sie ›wie ein Tyrann behandelte‹, geholt und, um sie zu gewinnen, mit der Andeutung einer Heirat gespielt. Von einem hohen Gönner der betroffenen Familie zur Rede gestellt, zog er sich mit Antworten aus der Affäre, die das Mädchen ins Zwielicht setzten. Der Patrizier Zorzi Contarini dal Zaffo, der ihn zur Aussprache einbestellt hatte, war, wie Casanova nicht vergisst hervorzuheben, immerhin Staatsinquisitor.

Zu den bevorzugten Orten, an denen die Stadt zur Bühne wird, auf der die Gesellschaft ihren Auftritt hat, gehören im Venedig des achtzehnten Jahrhunderts die zahlreichen Botteghe del Caffè. Seit dem sechzehnten Jahrhundert war Venedig eines der Haupteinfallstore für den kulturellen Siegeszug des orientalischen Getränks im mittleren und westlichen Europa gewesen. Das erste Kaffeehaus wurde hier im späten siebzehnten Jahrhundert eröffnet. Zur Zeit Casanovas waren die Kaffeehäuser

La bottega del caffè
Stich von Giovanni Volpato nach Francesco Maggiotto

auch Orte eines anderen Genusses, sie lockten ihre Besucher mit einem Getränk, das in der Kultur des Rokoko höchste Wertschätzung genoss: der süßen Schokolade. Sie waren – man denke nur an die Welt des Palais Royal in Paris – zudem Orte der Debatte, der beschleunigten Zirkulation der Ideen. In Mailand schlossen sich die Aufklärer unter dem Titel einer ›Societá del Caffè‹ zusammen und nannten ihre Zeitschrift *Il Caffè*.

In Venedig, das anders als Mailand und Neapel nicht zu den Zentren der Aufklärung in Italien gehörte, dominierten die Schokoladentrinker. Dennoch gehörten die Kaffeehäuser nicht von ungefähr zu den wichtigsten Aufenthaltsorten der zahlreichen Spione, die im Dienst der Staatsinquisitoren standen. Der ab dem Herbst 1754 auf Casanova angesetzte Confidente Giambattista Manuzzi protokollierte die Kaffeehausgespräche, die Casanova mit Marcantonio Zorzi und Bernardo Memmo in der Bottega da Menegazzo in der Merceria Orologio über die Komödien Chiaras führte (siehe auch Seite 114). Einige Jahre später berichtete Manuzzi über eine öffentliche Rezitation, in der Casanovas Mentor Giorgio Baffo seine obszönen Verse zum Besten gab. Es konnte nicht ausbleiben, dass die Bühne des Cafés auf dem Theater nachgestellt wurde. Goldoni nahm den Gezeitenrhythmus des Kommens und Gehens der Besucher im Kaffeehaus in die dramaturgische Struktur seiner Komödie *La bottega del caffè* auf. Das Café Florian an der Piazza San Marco, im frühen achtzehnten Jahrhundert unter dem Namen ›Venezia trionfante‹ eröffnet, schlägt bis heute aus seiner Herkunft aus dem Venedig Francesco Guardis und Casanovas Kapital.

Ich hatte Paris noch nicht gesehen, aber wohl mehr andere Städte, wo man des Abends in der Dunkelheit spazieren geht. Ich fand, daß die Laternen in Venedig eine angenehme und nützliche Zierde für die Stadt waren, und zwar um desto mehr, da einzelne Personen nicht die Kosten davon tragen müssen, sondern jährlich eine Ziehung mehr von der Lotterie dazu bestimmt ist.

Zu dieser allgemeinen Erleuchtung kommt nun noch die aus den Butiken, die immer bis zehn Uhr abends offen sind. Ein großer Theil bleibet bis um Mitternacht offen, und verschiedene werden gar nicht zugeschlossen.

Man sieht in Venedig um Mitternacht so gut als am hellen Mittag alle möglichen Lebensmittel zum Verkauf ausgelegt, alle Wirtshäuser und Gasthöfe offen, und ganze Mahlzeiten in Bereitschaft. Gesellschaftsdinees und Soupees sind in Venedig nicht sehr gewöhnlich, da Lustpartien und Pikeniks, die sich im Augenblick machen, die Leute mit mehr Freyheit und Fröhlichkeit zusammen bringen.

Im Sommer wird der St. Markusplatz und die benachbarten Plätze und Straßen bey Nacht so häufig besucht, als bey Tage. Die schöne Welt, Männer und Frauenzimmer von aller

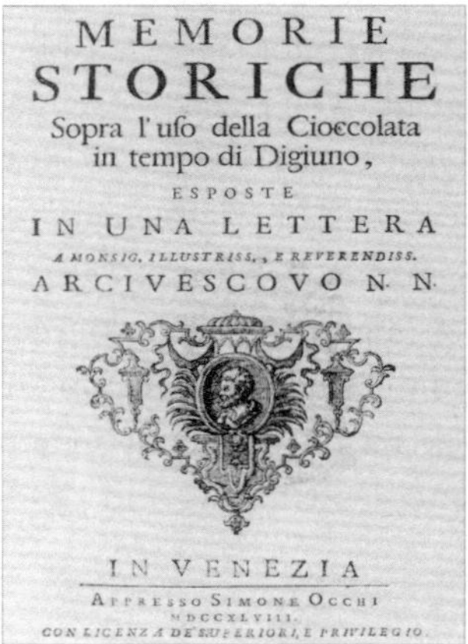
MEMORIE
STORICHE
Sopra l'uſo della Cioccolata
in tempo di Digiuno,
ESPOSTE
IN UNA LETTERA
A MONSIG. ILLUSTRISS., E REVERENDISS.
ARCIVESCOVO N. N.

IN VENEZIA
APPRESSO SIMONE OCCHI
MDCCXLVIII.
CON LICENZA DE' SUPERIORI, E PRIVILEGIO.

Links: ›Historische Erinnerungen über den Gebrauch der Schokolade in der Fastenzeit‹ (Venedig, 1748)
Rechts: *La nave.* Werbezettel für eine Schokoladenfabrik

Art versammeln sich dann in den Kaffeehäusern. Man singt auf den öffentlichen Plätzen, in den Straßen, und auf den Kanälen. Die Kaufleute singen, wenn sie ihre Waren losschlagen, die Arbeitsleute singen, wenn sie von ihrer Arbeit gehen, und die Gondoliere singen, wenn sie ihre Herren erwarten. Der Hauptzug im Charakter der Nation ist Munterkeit, und Laune das charakteristische Merkmal ihrer Sprache.

Die Calle del Ridotto, die von der Kirche San Moisè zum Ufer führt, hat ihren Namen vom **Ridotto** ⑱, dem Zentrum des Glücksspiels. Der Palazzo Dandolo zwischen Calle Ridotto und Calle Vallaresso direkt am Canal Grande beherbergte im sechzehnten Jahrhundert die französische Gesandtschaft. Im Jahre 1638 wandelte ihn sein damaliger Besitzer Marco Dandolo in einen Spielsalon um. Im Ridotto mussten alle Spieler, außer den Patriziern, welche die Bank hielten, Masken tragen, Es durften nur Patrizier in Amtstracht, das heißt in schwarzer oder, falls sie Senatoren waren, in roter Robe, die Bank halten.

Il Ridotto. Gemälde von Francesco Guardi

Nach der Renovierung des Jahres 1758 wurde die Attraktivität des Spielsalons dadurch erhöht, dass zusätzlich die Genüsse der Kaffeehäuser angeboten wurden. Das Etablissement war im achtzehnten Jahrhundert so erfolgreich, dass es im Jahre 1774 geschlossen wurde, damit nicht noch mehr Patrizier sich dort ruinierten. Casanova berichtet in seinen Memoiren von diesem Beschluss mit Bedauern und einem gewissen Unverständnis. Die Spielleidenschaft ist einer seiner hervorstechendsten Charakterzüge. In ihr verdichtet sich die Lust des Abenteurers an plötzlichen Umschwüngen, denen das Ideal des Rokoko entspringt: der glückliche Augenblick. Anders, als es das Sprichwort erlaubt, will Casanova stets zugleich das Glück im Spiel und in der Liebe. Die Unbedenklichkeit, mit der er auf beiden Feldern agiert, folgt der Logik der Verausgabung und Verschwendung. Sie ist ein Element seiner Mimikry mit dem Lebensstil der Aristokratie. Die bürgerliche Tugend der Akkumulation von Reichtum durch Fleiß und Sparsamkeit ist ihm wesensfremd.

Das Pharao-Spiel. Aquatinta von J.G. Haid
nach einer Zeichnung von J.E. Nilson

Genau zwei Stunden nach Sonnenuntergang sah ich M.M. aus der Gondel steigen; sie war als Dame gekleidet und sehr gut maskiert. Wir gingen nach San Samuele in die Oper und nach dem zweiten Ballett ins Ridotto, wo sie großen Gefallen daran fand, alle Patrizierdamen zu mustern, die auf Grund ihres Standes das Vorrecht hatten, ohne Maske Platz zu nehmen. Wir streiften eine halbe Stunde herum und betraten dann den Raum der vornehmen Bankhalter. Sie blieb vor dem Tisch von Signor Momolo Mocenigo stehen, der damals der schönste Spieler unter allen jungen Patriziern war. Da niemand an seinem Tisch spielte, saß er, zweitausend Zechinen vor sich, lässig da und neigte den Kopf zum Ohr einer neben ihm sitzenden maskierten Dame, einer Signora Pisani, deren ergebener Kavalier er war. M.M. fragte mich, ob ich spielen wolle; als ich verneinte, sagte sie, sie mache mit mir halbpart. Ohne meine Antwort abzuwarten, zog sie eine Börse und setzte eine Rolle auf eine Karte. Der Bankier bewegte nichts als seine Hände, mischte und gab, und M.M. gewann ihre Karte und den Einsatz. Der Signore zahlte, nahm dann ein neues Spiel Karten und begann, seiner Nachbarin ins Ohr zu flüstern, ohne die vierhundert Zechinen zu beachten, die M.M. schon auf die gleiche Karte gesetzt hatte. Als der Bankhalter weiterplauderte, sagte M.M. in gutem Französisch zu mir: »Unser Spiel ist nicht hoch genug, um Monsieur zu interessieren; gehen wir!« Mit diesen Worten legte sie ihre Karte hin und entfernte sich. Ich steckte das Gold ein, ohne dem Signore etwas zu erwidern, als er zu mir sagte:

»Ihre Maske ist allzu streng.«

Als ich meine schöne Spielerin einholte, war sie umringt. Sie blieb vor der Bank von Signor Pietro Marcello stehen, einem gleichfalls jungen und reizenden Mann, dem Signora Vernier, die Schwester von Signor Momolo, Gesellschaft leistete. M.M. spielte und verlor hintereinander fünf Rollen. Als sie kein Geld mehr hatte, nahm sie immer eine Handvoll Goldstücke aus meiner Tasche, in der ich die vierhundert Zechinen hatte, und nach vier oder fünf Spielen brachte sie die Bank zum Erliegen. Sie hörte auf, und der adlige

Bankhalter gratulierte ihr zu ihrem Glück. Ich steckte das ganze Gold in die Tasche, reichte ihr meinen Arm, und wir verließen das Haus, um essen zu gehen. Als ich bemerkte, daß uns ein paar Neugierige folgten, nahm ich eine Traghetto-Gondel und ließ uns von ihr ans gewünschte Ziel bringen. So entwischt man in Venedig allen Neugierigen.

Eine mutmaßliche Karikatur Casanovas als Spieler

In der Mythologie der Dekadenz, die Venedig spätestens seit dem siebzehnten Jahrhundert umgibt, spielen die Kurtisanen eine Hauptrolle. Folgt man dem Tenor der Reiseberichte, dann war Venedig das europäische Zentrum der Prostitution in allen ihren Facetten. Nicht alle Reiseberichte, die diesen Befund formulieren, sind in dem moralisierenden Ton gehalten, wie ihn Johann Caspar Goethe im Jahre 1740 anschlug. Mindestens so repräsentativ ist die Pose des Genießers, der die Angebote in Venedig mit denen in Paris vergleicht. Ein Musterbeispiel hierfür sind die Briefe von Charles de Brosses aus dem Jahre 1739, der mit Hingabe nach dem Mythos vom ›galanten Venedig‹ suchte. In bewusster Provokation dieser Tradition hat Rousseau in seinen *Confessions* den Bericht über seine Zeit in Venedig mit der Schilderung eines Kurtisanen-Abenteuers beendet, das in Schrecken und Peinlichkeit endet. Casanova steht in seinen Memoiren solcher Dämonisierung der käuflichen Liebe fern. Zugleich vermeidet er aber mit auffälliger Sorgfalt, den Kurtisanen in seinem Bild von Venedig einen prominenten Platz einzuräumen. Unangefochten spielt bei ihm der erfolgreiche Verführer die Hauptrolle, dem die käufliche Liebe nur in der Not genügt. Im vierten Kapitel des ersten Buchs seiner Memoiren erzählt Casanova von seiner Begegnung mit der ›Cavamacchie‹, einer jungen Kurtisane, die Giulietta hieß und im Jahre 1741 Stadtgespräch war. Im Stil der beliebten Charakteristiken, mit denen man die Salongespräche würzte, zeichnete er von ihr ein ungünstiges, ihre Schönheit herabsetzendes Portrait. Manche Interpreten meinen, diese Kurtisane sei identisch mit jener ›Zulietta‹, die zwei Jahre später Jean-Jacques Rousseau am Ende des missglückten Rendezvous, von dem er im siebten Buch der *Confessions* berichtet, den berühmten Rat gab: »Zanetto, lascia le donne e studia la matematica.« (Laß die Frauen und studiere Mathematik.)

Giacomo Casanova *Die Erberia*

Die Erberia ist eine Stelle am Kai des Canal Grande gleich bei der Rialtobrücke; sie heißt so, weil sich dort der Kräuter-, Obst- und Blumenmarkt befindet. Die Männer und die lockeren Damen, welche die Nacht bei den Genüssen der Tafel oder in der Erregung des Spiels zugebracht haben, spazieren dort oft noch ein wenig, bevor sie schlafen gehen. Diese Promenade zeigt, wie rasch sich der Charakter eines Volkes ändert. Die Venezianer von einst, geheimnistuerisch in Politik und Liebesabenteuern, sind heute von solchen verdrängt, denen vor allem daran gelegen ist, aus nichts mehr ein Geheimnis zu machen. Der Ort ist schön anzusehen, aber das ist wohl nur ein Vorwand. Man geht auf der Erberia mehr zum Gesehenwerden als zum Sehen, und den Frauen ist sie wichtiger als

Canal Grande mit Rialtobrücke. Stich von Michele Marieschi

den Männern: die Welt soll wissen, daß sie sich nicht zieren; jede kokette Verstellung ist wegen des schäbigen Aufzugs unmöglich. Der Tag bricht an, aber alle tun, als nähmen sie das nicht wahr; für sie ist es das Ende des vorhergehenden, und jeder Mann, jede Frau muß am anderen die Anzeichen der Ausschweifung sehen: die Männer müssen den Überdruß an der allzu strapazierten eigenen Herrlichkeit zur Schau tragen, und die Frauen müssen eine unansehnlich gewordene Toilette vorführen, die keine Beachtung gefunden hat: jeder muß erschöpft wirken und zeigen, wie sehr es ihn ins Bett zieht. Ich versäumte diese Promenade nie; meist war ich nichts als ein bloßer Beobachter ihrer Gesetzmäßigkeiten.

VENEDIG UND DIE WELT

Es gibt in Casanovas Memoiren Passagen, die auf ihre Weise der großen Vergangenheit Venedigs huldigen. Sie beschreiben Reisen nach Korfu und Konstantinopel in den frühen 1740er Jahren, deren genaue Chronologie und Routen man nie hat klären können. Ihr Ertrag ist ohnehin ein imaginärer Orient, mit dessen Bild Casanova dem Exotismus und der Mode ›alla turca‹ seiner Zeit huldigt. Diesen erzählerischen Ausgriffen auf die alte Orientierung Venedigs über die Levante hinaus bis nach Asien stehen die zahllosen Ausblicke auf die europäische Gegenwart gegenüber, von denen die Memoiren durchsetzt sind. Die wechselnden Konstellationen der Erbfolgekriege des achtzehnten Jahrhunderts spielen dabei eher en passant eine Rolle. Im Vordergrund steht das Netz der kulturellen Verbindungen zwischen Venedig und den europäischen Metropolen – trotz seiner schwindenden Bedeutung als Machtfaktor in der europäischen Politik.

Der sächsische Hof mit der Dresdner Gemäldegalerie, deren spektakuläre Ankäufe in Modena und Venedig in den Memoiren Erwähnung finden, ist eine solche Verbindung. Giacomos jüngerer Bruder Giovanni Casanova (1730–1795), der Schüler von Anton Raphael Mengs und zeitweilige Freund Winckelmanns, wird Professor an der Dresdner Akademie. Teresa Imer geht für einige Jahre nach Bayreuth, Casanovas Mutter wie ihre Söhne nach Dresden. Die für Casanova folgenreichste Städteverbindung ist die zwischen Venedig und Paris, das er schon als junger Mann in den Jahren 1750 bis 1752 besucht. Sie ist das Rückgrat der französisch geschriebenen Memoiren. Von ihr will er profitieren, wenn er französische Schauspieler ans Teatro Sant'Angelo holt. Ihr folgt Goldoni,

Der Effendi. Gemälde von Francesco Guardi

als er im Jahre 1762 Venedig verlässt. Auf seine – etwas verquere – Weise nutzt sie auch Rousseau. Als Verächter nicht nur der Künste und Wissenschaften, sondern zugleich und vor allem des Theaters berühmt, führt ausgerechnet er als Gesandtschaftssekretär der französischen Bühne venezianische Schauspielerinnen zu. In Casanovas Memoiren kann der Rousseau-Leser diesen Schauspielerinnen in Paris, wo sie Furore machten, wiederbegegnen. So hat der Theaterverächter Rousseau dem Theaterliebhaber und Verführer Casanova zugearbeitet.

Man wird kaum vermuten, daß die Pariser Theaterliebhaber Corallina und ihre Schwester Camilla mir zu verdanken hatten; trotzdem ist es wahr. Veronese, ihr Vater, hatte sich mit seinen Kindern für die italienische Truppe engagieren lassen; nachdem er aber zweitausend Franken für seine Reise erhalten hatte, war er, statt abzureisen, ruhig in Venedig beim Theater San Luca* geblieben, wo Corallina, obgleich fast noch ein Kind, viele Leute anzog. Der Herzog von Gesvres schrieb als Oberkammerherr dem Gesandten, um den Vater und die Tochter zu reklamieren. Herr von Montaigu gab mir den Brief und sagte mir statt jeder Instruktion: »Sehen Sie sich das an!« Ich ging zu Herrn Le Blond und bat ihn, mit dem Leiter, dem das Theater von San Luca gehörte, und der, glaube ich, ein Giustiniani war, zu reden, damit er Veronese, der für den Dienst des Königs verpflichtet sei, fortschicke. Le Blond, der sich nicht allzusehr um den Auftrag kümmerte, führte ihn schlecht aus. Giustiniani machte Ausflüchte, und Veronese wurde nicht fortgeschickt. Ich war verärgert. Es war im Karneval. Ich nahm Dominokostüm und Maske und ließ mich zum Palazzo Giustiniani bringen. Alle, die meine Gondel mit dem Abzeichen des Gesandten kommen sahen, waren betroffen. Venedig hatte nie Ähnliches gesehen. Ich trete ein und lasse mich unter dem Namen einer ›Siora Maschera‹ melden. Sobald ich eingeführt bin, nehme ich meine Maske ab und stelle mich vor. Der Senator erblaßt und ist bestürzt. »Mein Herr«, sage ich zu ihm auf Venezianisch, »leider muß ich Euer Exzellenz mit meinem Besuch belästigen. Aber Sie haben an Ihrem Theater von San Luca einen Mann namens Veronese, der für den Dienst des Königs verpflichtet ist und den man vergeblich von Ihnen gefordert hat. Ich komme ihn im Namen seiner Majestät reklamieren.« Meine kurze Ansprache wirkte. Kaum war ich fort, als der gute Mann eilig den Staatsinquisitoren Rechenschaft von seinem Abenteuer

* Ich bin mir im Zweifel, ob es nicht San Samuele war. Die Eigennamen entfallen mir gänzlich. [Rousseaus Erinnerung trügt hier: Er meint das Teatro San Moisè. Anm. des Herausgebers]

ablegte, die ihm den Kopf wuschen. Veronese wurde noch am selben Tag entlassen. Ich ließ ihm sagen, ich würde ihn, wenn er nicht in acht Tagen abreiste, verhaften lassen, und er reiste ab.

Die Gesandten der europäischen Mächte konnten in Venedig frei miteinander, nicht aber mit der venezianischen Aristokratie verkehren. Ein altes, im frühen siebzehnten Jahrhundert erneuertes Gesetz verbot den Patriziern alle Gespräche mit ausländischen Gesandten außer denen, die rein dienstlicher Natur waren. Der Sitz des französischen Botschafters war zur Zeit Rousseaus und des jungen Casanova der **Palazzo Surian** ㉘ im Sestiere Cannaregio. Dieses Gebäude befindet sich nahe der Brücke Tre Archi an den Fondamenta di Cannaregio.

Französischer Gesandter war vom Oktober 1752 bis zum Frühjahr 1755 der Abbé François-Joachim de Pierre de Bernis (1715–1794). Er war ein gebildeter Mann, schriftstellerisch begabt, ein langjähriger Briefpartner

Palazzo Surian. Radierung von Michele Marieschi

Voltaires und Diplomat mit beträchtlichen Fähigkeiten, der es später bis zum Außenminister brachte. In seinen Memoiren sagt er rundheraus, die Gesandtschaft in Venedig sei eine der unbedeutendsten in Europa. Er fügt aber hinzu, sie sei eine ausgezeichnete Schule für junge Diplomaten. Denn hier, an einem Ort, wo die Regierung ihm stets unsichtbar gegenüberstehe, müsse es der junge Gesandte lernen, auch das kleinste Zeichen, jedes noch so beiläufige Wort und jede Geste auf ihre mögliche Bedeutung hin zu befragen. In den Memoiren des Abbé und späteren Kardinal Bernis kommt Giacomo Casanova nicht vor. In der *Histoire de ma Vie* Casanovas hingegen ist Pierre de Bernis eine der auffälligsten Figuren: ein überaus anspruchsvoller, überaus einfallsreicher Libertin, dem gegenüber es Casanova zum Glück gerät, dass er, anders als die Patrizier, den Umgang mit dem Gesandten nicht meiden muss. Wir werden ihm im Kapitel über die Liebesabenteuer wiederbegegnen.

Der Kardinal de Bernis
Stich von 1774

Venedig war eine der Keimzellen des modernen Tourismus, ein Anziehungspunkt für Reisende aus ganz Europa. Man sagte, dass sich zu Zeiten des Karnevals die Bevölkerung der Stadt verdoppelte. Obwohl Rom das Zentrum aller Italienreisen des achtzehnten Jahrhunderts war, fielen in der Regel zumindest einige Tage für Venedig ab. Von einem der deutschen Reisenden möchte man sich vorstellen, dass er bei seinem Aufenthalt in Venedig im Jahre 1775 Giacomo Casanova begegnet und mit ihm ins Gespräch gekommen wäre: Gotthold Ephraim Lessing. Er hatte nicht nur im Jahre 1753 die *Œuvres mélées* des Abbé Pierre de Bernis freundlich rezensiert, sondern sich auch nachdrücklich für die Übersetzung Goldonis ins Deutsche eingesetzt. Casanova wiederum hatte während seiner Reisen durch Europa im Jahre 1764 die berühmte Bibliothek in Wolfenbüttel besucht, deren Bibliothekar Lessing seit 1770 war. An Gesprächsstoff hätte es den beiden nicht gemangelt.

LIEBESABENTEUER

Der Abstand zwischen Literatur und Leben ist in Casanovas *Histoire de ma Vie* nicht überall gleich groß. Recht gering ist er in den Passagen über die Theater und Schauspieler. Hier sind die Angaben über Personen und Ereignisse einigermaßen verlässlich. Am größten ist der Abstand im Zentrum der Memoiren, bei den Liebesabenteuern. Hier sollen nicht nur die spröden oder zugänglichen Schönen, sondern zugleich die Leser verführt werden. Hinter den erotischen Strategien des Verführers stehen die literarischen des Erzählers, der in der Maske des Memoirenschreibers den französischen galanten Romanen Konkurrenz macht. Zwar bringt es die Memoirenform mit sich, dass sich die Liebesabenteuer als Folge von Episoden über ganz Europa erstrecken. Aber dennoch ist das topographische Zentrum, in dem sich die Energien des verführerischen Erzählers verdichten, Venedig. Dies auch deshalb, weil hier der Memoirenschreiber auf Schloss Dux auf sich selbst als noch jungen Mann und Libertin zurückblicken kann.

Casanova macht es – in französischer Sprache – zur Rivalin von Paris, der unbestrittenen Hauptstadt der erotischen Literatur im Europa des achtzehnten Jahrhunderts. Er führt seine jungen Geliebten in die Gärten der Giudecca – sie existieren nicht mehr – und zeigt, dass das Zusammenspiel von Spazierengehen und Verführen hier genauso erfolgreich ist wie im Bois de Boulogne. Die Brücken und die Gassen, die Gondeln und die Paläste, die Kirchen und die Cafés seiner Heimatstadt sind die Schauplätze. Den aus der Mythologie der Dekadenz geborenen Gemeinplatz der europäischen Reiseliteratur, Venedig sei das Eldorado der käuflichen Liebe, überbietet er durch eine Inszenierung, in der Venedig die Stadt des exklusiven, heimlichen, als Maskenspiel organisierten Festes der Sinne, nicht aber der Allgegenwart seiner berühmten Kurtisanen ist.

Das berühmteste Liebesabenteuer in den Memoiren Casanovas ist die Begegnung mit den Nonnen von Murano. Es ist im vierten Buch der *Histoire de ma Vie* der Höhepunkt in der Glückskurve des jungen Abenteurers in seiner Heimatstadt, dem wenig später der Absturz in die Dunkelheit des Kerkers folgt. Es erwächst aus der Liebschaft mit der schönen ›C. C.‹, deren vornehmer Vater den von Signor Bragadin unterstützten Heiratsantrag Casanovas ablehnt und seine Tochter in eines der berühmten Klöster auf Murano steckt. Wer sich hinter der Chiffre ›C. C.‹ verbirgt, haben die Gelehrten längst herausgefunden, die Identität der schönen ›M. M.‹ hat Generationen von ›Casanovisti‹ beschäftigt, ohne dass eine endgültige Lösung gefunden worden wäre … Jedenfalls lassen sich die Orte im Stadtraum markieren, an denen Casanova seine Erzählung ansiedelt, aber sie sind nur Ausgangspunkte, von denen die Einbildungskraft ablegt wie die Boote, die von den Fondamenta Nuove nach Murano aufbrechen.

Einer dieser Orte ist der Konvent der Kirche **Santa Giustina** ㉚ am Campo Santa Giustina Nr. 2834–35. Der im Jahre 1640 wie die Kirche von Baldassare Longhena für die Patrizierfamilie Soranzo errichtete Konvent wurde zur Zeit der napoleonischen Besetzung Venedigs in eine Kaserne umgewandelt. Heute residiert hier das ›Liceo Scientifico G. B. Benedetti‹.

Hierhin hatte sich Maria Theresa Coronini-Cromberg zurückgezogen, von der sich Casanova Auskünfte über die Nonne erhoffte. In dem kleinen Briefroman, der die Murano-Episoden einleitet, ist die Kirche **San Canciano** ⑮ wegen ihrer Nähe zu den Fondamenta Nuo-

Die Kirche Santa Giustina. Stich von Luca Carlevarijs

ve, wo die Boote nach Murano ablegen, die Poststation. Wenn der Liebesabenteurer hier Briefe hinterlegt oder abholt, hat er keinen Blick für die von Baldassare Longhena errichtete Kapelle oder die barocke Pracht der häufig umgebauten Kirche; die Liebe duldet in dieser Episode keine Götter neben sich. Der eilige Kirchenbesucher hat zwei Nonnen zugleich zu Geliebten und weiß zudem, dass die eine von beiden die Mätresse eines hohen Würdenträgers ist. Dieser zunächst anonym bleibende hohe Herr ist der französische Gesandte. Er wird in der Rolle des Voyeurs in die Erzählung eingeführt, der es genießt, hinter einer Wand verborgen, dem Liebesspiel des Helden mit seiner Mätresse zuzuschauen.

Wir machten Punsch und ergötzten uns damit, Austern zu essen, indem wir sie austauschten, wenn wir sie schon im Munde hatten. Sie reichte mir die ihre auf der Zunge, während ich ihr gleichzeitig die meine in den Mund schob; es gibt kein aufreizenderes und wollüstigeres Spiel zwischen zwei Liebenden. Es ist auch komisch, aber die Komik nimmt ihm nichts von seinem Reiz, denn das Lachen ist nur für Glückliche gemacht. Welch köstliche Austernsauce, aus dem Munde des angebeteten Geschöpfs geschlürft, ist doch ihr Speichel! Wie sollte die Kraft der Liebe nicht wachsen, wenn ich eine solche Auster zerbeiße, wenn ich sie hinunterschlucke.

Sie sagte mir, sie wolle sich umziehen und in der Nachthaube zurückkommen. Da ich nun nicht wußte, was ich tun sollte, vertrieb ich mir die Zeit damit, nachzusehen, was sie in ihrem offenstehenden Sekretär hatte. Die Briefe rührte ich nicht an, aber als ich eine Schachtel öffnete und Kondome fand, steckte ich sie in die Tasche und schrieb in Eile folgende Verse, die ich anstelle der Beute hinterlegte:

»Ihr Diener der Sorge und Kinder der Liebe,
Vor Amor erbebt und zeigt Ehrfurcht dem Diebe!
Und du, Gottes Braut, fürchte nicht zu gebären,
Dem Sohne wird er sich als Vater erklären.
Doch wenn du dran festhältst, dich zu verschließen,
So sag's, denn dann wird man kastrieren mich müssen.«

M.M. erschien wieder in neuer Aufmachung. Sie trug ein Hausgewand aus indischem Musselin, in den mit Goldfäden Blumen gestickt waren, und ihre Nachthaube war einer Königin würdig. Ich warf mich ihr zu Füßen und flehte sie an, auf der Stelle mein Verlangen zu stillen; aber sie gebot mir, mein Feuer aufzusparen, bis wir im Bett wären.

»Ich will keine Sorge haben«, sagte sie schalkhaft, »daß deine Quintessenz auf den Teppich fällt. Du wirst sehen.« Hierauf ging sie zum Sekretär, aber statt der Überzüge fand sie meine sechs Verse. Sie las sie, las sie noch einmal laut, nannte mich einen Dieb, gab mir Küsse über Küsse und wollte mich überreden, ihr die Beute zurückzugeben. Nachdem sie meine Verse erneut langsam und ganz laut gelesen hatte, tat sie, als denke sie darüber nach, und ging unter dem Vorwand hinaus, eine bessere Feder zu holen. Als sie zurückkam, schrieb sie folgende Antwort:

»Wenn ein Engel mich …, ist mir klar jedenfalls,
Daß mein einziger Gatte der Schöpfer des Alls.
Aber um sein Geblüt des Verdachts zu entheben,
Muß mein Amor sofort die Kondome mir geben.
Denn so füg' ich mich stets seinem heil'gen Verlangen,
Und der Freund soll mich …, ohne zu bangen.«

Da gab ich sie ihr zurück und spielte sehr überzeugend den Erstaunten; denn das war ja wirklich zu stark.

Mitternacht hatte geschlagen, und als ich ihr den kleinen Gabriel zeigte, der nach ihr schmachtete, machte sie das Sofa zurecht und sagte, daß wir hier schlafen wollten, weil die Bettkammer zu kalt sei. Der Grund war, daß uns der Freund in der Bettkammer nicht hätte sehen können. Unterdessen

Galanter Stich um 1760

hüllte ich mein Haar in ein Tuch aus indischer Baumwolle, das mir viermal um den Kopf reichte und mir das furchterregende Aussehen eines asiatischen Despoten in seinem Serail gab. Gebieterisch brachte ich meine Sultanin in den Naturzustand und verfuhr mit mir desgleichen; dann legte ich sie hin; bezwang sie nach allen Regeln der Kunst und genoß ihre Verzückungen. Mit dem Kissen, das ich ihr unter das Kreuz geschoben hatte, und dem angewinkelten Knie, das sie von der Sofalehne wegstreckte, mußte sie ihrem verborgenen Freund einen besonders wollüstigen Anblick bieten. Nach dem Reigen, der eine Stunde dauerte, pflückte sie den Überzug ab und freute sich, als sie darin die Quintessenz sah. Da sie sich aber von ihrer eigenen Destillation überschwemmt fühlte, kamen wir überein, uns mit einer kurzen Abwaschung vorerst wieder in den Status quo zu versetzen. Danach stellten wir uns nebeneinander vor einen großen Wandspiegel, und jeder legte einen Arm um den Rücken des anderen. Bei der Bewunderung unserer schönen Spiegelbilder überkam uns die Lust, sie zu besitzen; wir kämpften, immer stehend, auf alle erdenkliche Weise. Nach dem letzten Kampf fiel sie auf den Perserteppich, der das Parkett bedeckte. Mit geschlossenen Augen, den Kopf zur Seite geneigt, Arme und Beine von sich gestreckt, als hätte man sie soeben vom Andreaskreuz abgenommen, lag sie auf dem Rücken und hätte einer Toten geglichen, wäre nicht das Klopfen ihres Herzens sichtbar gewesen. Der letzte Kampf hatte ihre Kräfte erschöpft. Ich hatte sie die Kerze machen lassen und sie in dieser Stellung aufgehoben, um ihre Liebeskammer inbrünstig zu küssen, die ich nicht anders erreichen konnte, wenn ich sie gleichzeitig in die Lage versetzen wollte, ihrerseits meine Waffe zu verschlingen, die sie zu Tode traf, ohne ihr das Leben zu rauben. Nach diesem Heldenstück mußte ich sie vor Erschöpfung um Waffenstillstand bitten und stellte sie wieder auf die Füße; aber einen Augenblick später forderte sie mich zur Revanche heraus. Nun war es an mir, die Kerze zu machen, und sie faßte mich bei den Hüften, um mich zu stützen. In dieser Stellung hielt sie sich mit gespreizten Schenkeln aufrecht. Schrecken ergriff sie, als sie meine Seele mit Blutstropfen vermischt auf ihren Brüsten sah.

»Was ist das«, rief sie aus, ließ mich fallen und fiel zugleich mit mir hin. Gerade schlug die Uhr.

Ich brachte sie zum Lachen und damit ins Leben zurück.

»Sei ohne Sorge, mein Engel«, sagte ich, »Das ist der Dotter vom letzten Ei, der oft rot ist.«

Ich wusch ihr selbst die schönen Brüste, die bis zu diesem Augenblick noch nie menschliches Blut befleckt hatte. Sie war in großer Sorge, daß sie einige Tropfen geschluckt hätte; aber ich überzeugte sie leicht davon, daß so etwas kein Unglück war, selbst wenn es stimmte. Sie zog ihre Nonnentracht an und beschwor mich, bevor sie ging, in der Villa zu schlafen und ihr vor der Rückfahrt nach Venedig zu schreiben, wie es mir gehe. Sie versprach mir, am nächsten Tag das gleiche zu tun. Ich würde den Brief bei der Pförtnerin finden. Ich gehorchte ihr. Sie brach erst eine halbe Stunde später auf, die sie sicher mit ihrem Freund verbrachte.

Ich schlief bis zum Abend, und kaum erwacht, schrieb ich ihr, daß es mir gut gehe. Ich fuhr nach Venedig, wo ich, um mein Versprechen einzulösen, den gleichen Maler aufsuchte, der mein Porträt für C. C. gemacht hatte. Er brauchte nur drei Sitzungen. Ich ließ es ein wenig größer machen als das erste, weil M. M. es als Medaillon wollte, von irgendeinem Heiligenbild überdeckt, damit es aller Welt verborgen sei; sie allein sollte das Geheimnis kennen, wie man es öffnete. Dem Goldschmied oblag es, einen geheimen Verschluß anzubringen, der sich vom ersten unterschied. Der gleiche Maler malte mir eine Verkündigung, die den Engel Gabriel mit braunem Haar zeigte, dazu eine blonde Jungfrau Maria, wie sie ihre Arme dem göttlichen Sendboten entgegenstreckte. Der berühmte Maler Mengs folgte der gleichen Idee in der Verkündigung, die er zehn Jahre später in Madrid malte.

Die Erzählung von den Abenteuern mit seiner zeitweiligen Verlobten C. C., der Nonne M. M. und dem französischen Gesandten Pierre de Bernis mag einen Erfahrungskern enthalten. Doch ist der Reiz, den sie entfaltet, vor allem eine Frucht des literarischen Ehrgeizes, mit dem Casanova in diesen Episoden den Romanen Paroli bieten will. Den Marquis d'Argens kannte er persönlich, seinen Roman *Thérèse philosophe* (1748), der erfolgreich die Tradition der Verschränkung von philosophischem Raisonnement und Darstellung der Sinnesfreuden begründete, nachweislich auch. Die Romane nach dem Modell ›Venus im Kloster‹, das seit dem späten siebzehnten Jahrhundert immer neu variiert wurde, waren ihm geläufig. Stets huldigten deren Autoren einem fröhlich-frivolen Sensualismus dadurch, dass sie den irdischen Liebhaber an die Stelle des himmlischen Geliebten der Nonnen setzten.

Mönche und Nonnen wurden in den Romanen zu Jüngern der Liebe oder, wie in Diderots *La Religieuse,* zu Opfern der widernatürlichen Knechtung der Sinne. Kein junges Mädchen fällt so unweigerlich den Verführern zum Opfer wie das im Kloster erzogene. Casanova verzichtet in seiner Version des erotischen Klosterromans auf die Kritik an den Klöstern als Orten der Un-

Sprechzimmer im Nonnenkloster
Gemälde von Gian Antonio Guardi

freiheit und Unvernunft. Die Sprechzimmer schildert er als weit offenstehendes Tor der Klöster zur Welt. Relativ einfach und ungehindert, wenn auch heimlich, bewegen sich seine Nonnen zwischen den Orten der Rendezvous und dem Kloster hin und her. Casanova konnte bei seiner Replik auf die französische erotische Literatur an den zweifelhaften Ruf der venezianischen Nonnenklöster anknüpfen. Wie die Kurtisanen waren die Nonnen ein Lieblingsthema der Reiseliteratur, deren Autoren im ›galanten Venedig‹ gern die Venus im Kloster wiederfanden, von der sie gelesen hatten.

Als verlässliche Quelle der Sittengeschichte sollte man weder diese Berichte noch Casanovas Erzählung nehmen. Zwar war die Zahl der Nonnen verglichen mit den letzten Jahrzehnten des siebzehnten Jahrhunderts um die Mitte des achtzehnten deutlich zurückgegangen, aber noch immer waren die Klöster für die Patrizier Venedigs ein Hauptinstrument der genealogischen Politik und Töchtererziehung. Keineswegs war die Mehrzahl ihrer Insassen unfreiwillig dort. Es gab durchaus Gründe für junge Frauen, ein Leben im Kloster dem nicht a priori größere Freiheit bietenden Ehestand und den Risiken des Kindbetts vorzuziehen. In ihrer Mehrzahl gehören die Klöster des achtzehnten Jahrhunderts zum verschwundenen Venedig. Viele von ihnen wurden während der napoleonischen Herrschaft zerstört. Wer Reste der venezianischen Klöster besichtigen will, kann dies am leichtesten tun, wenn er von der Riva degli Schiavoni zur Insel San Giorgio Maggiore übersetzt. Die ›Fondazione Giorgio Cini‹, die hier ihren Sitz hat und häufig große Ausstellungen veranstaltet, ist in dem alten, auf das zehnte Jahrhundert zurückgehende Benediktinerkloster untergebracht.

Die Klosterarchitektur ist hier noch gut erkennbar. Die Nonnenklöster auf der Insel Murano sind größtenteils zerstört. Es gibt aber am Zusammenfluss des dortigen

Canale Serenella und des Canale degli Angeli noch die Kirche jenes Nonnenklosters, in dem, wenn Casanovas Angaben stimmen, die Nonne ›M. M.‹ gelebt haben muss: Santa Maria degli Angeli an den Fondamenta Sebastiano Venièr. Das Kloster wurde von den Augustinerinnen betrieben, die sich seit dem zwölften Jahrhundert in Murano angesiedelt hatten. Die meisten Gebäude wurden 1832 abgerissen, das im Jahre 1529 eröffnete Hospiz ist aber noch erhalten.

Giacomo Casanova Mein Casino

Das Haus hatte fünf Räume, die mit erlesenem Geschmack möbliert waren. Alles und jedes war wohl vorbedacht für die Freuden der Liebe und der guten Tafel, überhaupt für jede Art von Luxus. Man reichte das Essen durch eine in die Wand eingelassene blinde Öffnung, die von einer drehbaren Anrichte völlig ausgefüllt war. Herrschaft und Diener konnten einander nicht sehen. Dieses Zimmer war mit Spiegeln, Kronleuchtern und einem weißen Marmorkamin geschmückt, dessen prächtiger Aufsatz auf kleinen gemalten chinesischen Kacheln reizvolle Liebespaare im paradiesischen Zustand zeigte, die durch ihre lüsternen Stellungen die Phantasie entzündeten. Kleine Armsessel paßten harmonisch zu den Sofas, die links und rechts standen. Ein anderes Zimmer war achteckig und ganz mit Spiegeln ausgekleidet, ebenfalls der Fußboden und die Decke. Alle diese einander gegenüberstehenden Spiegel zeigten ein und denselben Gegenstand von tausend verschiedenen Seiten. Dieses Zimmer grenzte an ein Bettgemach, das zwei verborgene Türen hatte, auf der einen Seite zu einem Ankleidezimmer, auf der anderen zu einem Boudoir mit einer Badewanne und einem englischen Örtchen. Alle Täfelungen waren mit Goldstaub belegt oder mit Blumen und Arabesken bemalt. Nachdem ich den Koch angewiesen hatte, er solle nicht vergessen, das Bett zu überziehen und in jedem

Zimmer auf alle Lüster und Leuchter Kerzen zu stecken, bestellte ich bei ihm für den Abend ein Souper für zwei Personen und sagte ihm ausdrücklich, daß ich keine anderen Weine wolle als Burgunder und Champagner und nicht mehr als acht Küchengerichte, deren Wahl ich ihm ohne Rücksicht auf die Kosten überließe. Auch der Nachtisch sollte seine Angelegenheit sein. Als ich den Schlüssel zur Haustür einsteckte, schärfte ich ihm ein, daß ich beim Kommen niemanden sehen wolle. Das Souper sollte um acht Uhr bereit sein und auf mein Läuten hin serviert werden. Mit Freude stellte ich fest, daß die Uhr im Bettgemach einen Wecker hatte, denn trotz der Liebe begann der Schlaf Macht über mich zu gewinnen.

Nachdem ich diese Anordnungen getroffen hatte, ging ich zu einer Modewarenhändlerin, erstand Pantoffeln und eine Nachthaube, die ganz mit Spitzen im Alençonstich besetzt war, und steckte sie in meine Tasche. Ich sollte der allerschönsten Sultanin des Weltenherrschers ein Souper geben; deshalb wollte ich mich am Vorabend vergewissern, daß alles in Ordnung war. Da ich ihr gesagt hatte, ich besäße ein Haus, durfte ich ihr gegenüber in Nichts als Neuling erscheinen.

Wie stets in Casanovas Memoiren gibt es auch in den Murano-Episoden topographische Fixpunkte, die die Erzählung in den Stadtraum Venedigs einzeichnen. Dazu gehört vor allem das **Casino** ⑯, das er sich unweit der Kirche San Moisè mietet. Er folgt damit einer zeitgenössischen Mode der venezianischen Patrizier. Die Casini, die sie sich als Orte zugleich der Intimität und Repräsentation hielten, lagen meist in der Nähe von San Marco. Man kleidete sich hier vor oder nach dem Theater um, lud zum Frühstück oder Abendessen, nach der Schließung des Ridotto im Jahre 1774 auch zum heimlichen Glücksspiel.

Die Beschreibung, die Casanova dem Interieur seines Casinos und dem Ritual widmet, mit dem er es zum Elysium der Liebe ausstattet, ist ein Höhepunkt seines literarischen Wettstreits mit den galanten Romanen. Passagen wie diese sind auf den Kupferstich hingeschrieben, der sie dem Leser vor Augen führt. Umgekehrt sind die Liebenden bei Casanova stets Nachahmer der Bücher, die sie lesen, und der erotischen Bilder, die sie betrachten. Die Illustrationen der erotischen Literatur dienen ihnen als Register, das sie in Form lebender Bilder nachstellen. Gern würzen Casanova und ›M.M.‹ ihr Liebesspiel mit einem literarischen Wettstreit, bei dem der eine auf die obszönen Verse des anderen die Antwort finden muss. Schutzapostel dieser Übungen ist Pietro Aretino: »Morgen werde ich spielen, und das Glück wird mir hold sein. Inzwischen habe ich hier ein kleines Buch, das ich in deinem Boudoir fand, die Stellungen von Pietro Aretino. Ich möchte in den nächsten drei Stunden einige davon ausprobieren.«

Giacomo Casanova *Rendezvous am Colleoni-Denkmal*

Schon um sieben Uhr nahm ich am Standbild des Helden Colleoni Aufstellung. Sie hatte mir zwar gesagt, ich solle dort erst um acht Uhr sein, aber ich wollte die süße Freude des Wartens genießen. Die Nacht war kalt, aber herrlich und ohne den geringsten Lufthauch. Genau um acht Uhr sah ich eine zweirudrige Gondel anlegen und eine maskierte Gestalt aussteigen, die mit dem vorderen Gondoliere sprach und dann auf das Standbild zuschritt. Da ich einen maskierten Mann sah, erschrak ich, wich zurück und ärgerte mich, keine Pistole bei mir zu haben. Die Maske ging um das Standbild herum, näherte sich mir und streckte mir friedlich eine Hand entgegen, die mir jeden Zweifel nahm. Ich erkannte meinen als Mann verkleideten Engel. Sie lachte über meine

Überraschung und hängte sich an meinen Arm; ohne ein einziges Wort zu wechseln, gingen wir dem Markusplatz zu, überquerten ihn und betraten das Haus, das nur hundert Schritte vom Theater San Moisè entfernt lag.

Treffpunkt der Liebenden in den Kloster-Episoden ist das **Colleoni-Denkmal** ㉛ auf dem Campo Santi Giovanni e Paolo, nicht weit von den Fondamenta Nuove, wo man von Murano kommend anlegte. Bartolomeo Colleoni (1400–1475), wie ihn Andrea Verrocchio in diesem Denkmal gestaltet hat, ist die suggestive Verkörperung des Condottiere der Renaissance, des politischen und militärischen Abenteurers. Auf den Kupferstichen des achtzehnten Jahrhunderts, die den Campo Santi Giovanni e Paolo, der im Volksmund ›San Zanipolo‹ heißt, zeigen, muss man sich Casanova dazu denken, und schon hat man ein im Stil der Zeit gehaltenes Sinnbild: Es zeigt den Liebesabenteurer des Rokoko im Schatten der großen Vergangenheit Venedigs. Dieser Abenteurer ist ganz Gegenwart, er geht im Genuss des Augenblicks auf. Für den Condottiere, den kriegerischen Eroberer der Terra ferma, hat er keinen Blick übrig.

Der Abbé de Bernis schreibt in seinen Memoiren im Rückblick auf seine Gesandtschaft in Venedig lakonisch: »Ich hatte keine Mätressen, und die Abende waren lang.« Mag sein, dass sich hinter diesem Satz die Nonnen von Murano und Casanova verbergen. Ebensogut aber kann er Casanovas Memorien dementieren. In jedem Fall bleibt de Bernis ein literarischer Nachfahre jenes französischen Gesandten Froulay, der im Jahre 1733 in Venedig seinen Dienst antrat und über dessen Schicksal Rousseau in den *Confessions*, freilich dramatisierend, Auskunft gibt. Die venezianische Nonne da Riva, die Froulay zu seiner

Das Colleoni-Denkmal und die Kirche Santi Giovanni e Paolo
Gemälde von Canaletto

Geliebten machte, ist eine historische Figur. Casanova hatte, als er seine Memoiren schrieb, die *Confessions* längst gelesen. Vielleicht spekulierte er, indem er durch de Bernis seinen Klosterroman mit dem Aroma der historischen Enthüllung würzte, auf den Misstrauensvorschuss, den gebildete Leser einem französischen Gesandten in Venedig entgegenbringen mussten.

Die Nonne M.M., für die es wohl ein historisches Vorbild gab, entstammte der Aristokratie, war gebildet, weltgewandt und selbstbewusst. Mit ihr ließ sich eine geistreiche Liebesintrige inszenieren. Dass zum Repertoire des Libertin am anderen Ende der sozialen Skala, im Umgang mit Frauen aus dem Volk auch die kaum kaschierte Gewaltanwendung gehörte, zeigt eine Episode aus dem Jahr 1746. Sie ist in dem Kapitel des zweiten Bandes der Memoiren zu finden, in dem Casanova vom Doktor beider Rechte und Anwärter auf eine geistliche Laufbahn zum Galgenstrick herabsinkt und mit anderen jungen Männern das nächtliche Venedig unsicher macht.

Giacomo Casanova Die Entführung

Es war Karneval, Mitternacht hatte bereits geschlagen; wir waren unser acht, alle maskiert, und streiften durch die Stadt. Jeder von uns war bemüht, durch Ersinnen eines Streiches neuer Art bei den Kameraden Ehre einzulegen. Als wir vor dem Magazzeno der Pfarre Santa Croce vorbeizogen, kam uns die Lust an, ein Glas zu trinken. Wir traten ein, schauten in alle Räume und fanden niemanden, außer in einem Zimmer drei friedfertige Männer, die mit einer ziemlich hübschen Frau tranken. Unser Anführer, ein venezianischer Adliger aus der Familie Balbi, sagte uns, es wäre ein hübscher neuer Streich, diese armseligen Trinker von der Frau zu trennen, um uns dann an ihr ungestört zu erfreuen. Er erklärte uns seinen Plan ausführlich, wir stimmten zu, er wies uns unsere Rollen an, und, wohlverhüllt von unseren Masken, traten wir in das Zimmer. Er ging voran, lüftete, in der Gewißheit, dennoch unerkannt zu bleiben, seine Maske und sagte zu den äußerst überraschten Männern folgende Worte: »Bei Todesstrafe und auf Befehl der Herren vom Rate der Zehn, folgen Sie uns sofort, ohne den geringsten Lärm zu machen; Sie, gute Frau, haben nichts zu befürchten, man wird Sie nach Hause bringen.« Kaum hatte er diese Worte ausgesprochen, nahmen zwei von unserer Bande die Frau in die Mitte und führten sie sogleich dorthin, wo sie uns auf Anweisung unseres Anführers erwarten sollte. Wir anderen bemächtigten uns der drei verschüchterten Männer, die an alles eher dachten, als Widerstand zu leisten. Der Aufwärter des Magazzeno kam wegen der Bezahlung gelaufen, und unser Anführer bezahlte, gebot ihm jedoch, wieder bei Todesstrafe, Schweigen. Wir führten die drei Männer auf ein großes Boot; unser Anführer stellte sich an das Bootsende und befahl dem Schiffer, vom Bug aus zu rudern. Der Schiffer mußte gehorchen, ohne zu wissen, wohin er fuhr, denn der Ruderer am Heck bestimmte die Richtung. Keiner von uns wußte, wohin unser Anführer die armen Teufel bringen würde. Er steuerte zur Ausfahrt aus dem Canal Grande und war in einer Viertelstunde auf San Giorgio Maggiore, wo er die drei Gefangenen aussteigen ließ. Sie waren überglücklich, als sie dort abgesetzt wurden, denn sie hatten wohl befürchtet, ermordet zu werden. Da unser Anführer müde war, ließ er den Schiffer den Platz im Heck übernehmen und befahl ihm, uns nach San Geremia zu bringen, wo er ihn gut bezahlte und mit seinem Boot entließ.

Von San Geremia gingen wir zum Campiello del Remer in San Marcuola, wo uns mein Bruder und ein zweiter aus unserer Schar, in einer Ecke auf dem Boden sitzend, mit der weinenden hübschen Frau erwartete. »Weinen Sie nicht, schöne Frau«, sagte unser Anführer, »denn niemand wird Ihnen etwas zuleide tun. Wir gehen am Rialto noch etwas trinken und dann werden wir Sie nach Hause bringen.« »Wo ist mein Mann?« »Morgen früh wird er wieder zu Hause sein.« Sie tröstete sich mit dieser Antwort und ging sanft wie ein Lamm mit uns in das Wirtshaus ›Alle Spade‹. Dort ließen wir uns in einem Zimmer im Oberstock ein gutes Feuer anheizen und Essen und Wein bringen, dann schickten wir den Kellner fort. Nun nahmen wir unsere Masken ab, und beim Anblick unserer Gesichter und aufgrund unseres Benehmens wurde die Entführte ganz umgänglich. Nachdem wir sie durch Worte und so manches Glas Wein aufgemuntert hatten, wurde ihr zuteil, worauf sie wohl gefaßt war. Mit gutem Recht war unser Anführer der erste, ihr seinen Liebesdienst zu erweisen, nachdem er sehr artig ihr einziges Widerstreben, ihm im

Beisein der ganzen Schar zu widerfahren, überwunden hatte. Sie fand sich gutwillig und lachend darein, mitzumachen.

Aber ich merkte ihr Erstaunen, als ich mich als der zweite vorstellte; sie glaubte, mir ihre Dankbarkeit bezeugen zu müssen. Als sich nach mir ein dritter einstellte, zweifelte sie nicht mehr an ihrem glücklichen Geschick, das ihr alle Glieder der Gesellschaft verhieß. Sie täuschte sich nicht. Mein Bruder war der einzige, der Krankheit vorschützte. Er konnte keine andere Ausrede gebrauchen, denn die Regel, die unter uns herrschte, war darin unerbittlich, daß jeder das gleiche tun mußte wie die anderen.

Nach diesem hübschen Meisterstreich banden wir wieder unsere Masken um, bezahlten den Wirt und brachten die beglückte Frau nach San Giobbe, wo sie wohnte, und verließen sie erst, als sie ihre Tür abgeschlossen hatte. Wir mußten alle darüber lachen, daß sie uns auf die aufrichtigste und schönste Art der Welt dankte. Dann zerstreuten wir uns, und jeder ging nach Hause.

Der Memoirenschreiber Casanova nutzte häufig Komödienmuster, um für sich selbst und sein Personal eine Bühne aufzuschlagen. In dieser Episode hat die derbe Farce den gewaltdurchtränkten Stoff wie ein Schraubstock im Griff und dichtet ihn gegen den naheliegenden Verdacht ab, hier werde die Geschichte einer Gruppenvergewaltigung erzählt. Die Figuren aus dem Volk bleiben namenlos, der Aristokrat, der im Namen des Rates der Zehn, eines der höchsten Staatsorgane, Todesdrohungen ausspricht, trifft auf keinen Widerstand. Die Worte und der aus einer billigen Schänke, dem Magazzeno herbeigeholte Wein, mit denen die schöne Frau gefügig gemacht wird, scheinen weit entfernt von physischer Gewalt. Das Lachen der Entführten ratifiziert ihre Zustimmung zur Entführung und sichert der Komödie ihr scheinbar harmloses Ende.

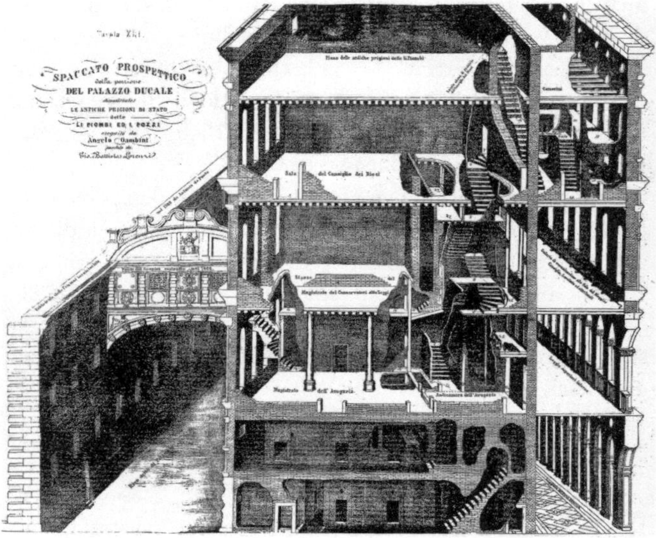

Querschnitt des Dogenpalasts, Stich von Angelo Chambini.
Im obersten Stockwerk die berüchtigten Bleikammern

BEGEGNUNGEN MIT DER STAATSMACHT

Zu den ältesten Bildern, in denen sich der Begriff Staat verkörpert, gehört das Schiff. Kaum anderswo ließ es sich zwangloser in den Dienst der symbolischen Repräsentation der Ordnung stellen als in der Republik Venedig. Im Museo Storico Navale am Campo San Biagio im Sestiere Castello kann man ein Modell des Bucintoro sehen, des Prachtschiffes, mit dem der Doge alljährlich am Himmelfahrtstag auf die Adria hinausfuhr, um die symbolische Vermählung der ›Serenissima‹ mit dem Meer zu vollziehen. Das letzte, überaus prachtvoll ausgestattete Original wurde im Jahre 1728 gebaut. Die Franzosen zerstörten es, bevor sie 1798 die Stadt verließen. Casanova sah den Bucintoro während seiner Haft im Fort Sant'Andrea am 26. Mai 1743.

Zehn Jahre später, am 31. Mai 1753, folgte er dem Schauspiel von einer Gondel aus. Zum politischen Räsonnement sieht er sich durch das Staatsschiff nicht herausgefordert. Er gewinnt ihm eine knappe Pointe ab, wie gemacht, um damit ein Salongespräch zu würzen.

Abfahrt des Bucintoro. Gemälde von Francesco Guardi

Tags darauf maskierte ich mich frühzeitig, um dem Bucintoro zu folgen, der bei dem schönen Wetter bestimmt zum Lido fahren würde. Diese nicht nur seltsame, sondern einzigartige Feier hängt vom Mut des Provveditore all'Arsenal ab, denn er muß mit seinem Kopf dafür einstehen, daß das Wetter schön bleiben wird. Beim leisesten ungünstigen Wind könnte das Schiff kentern und der Doge ertrinken, zusammen mit der ganzen erlauchten Signoria, mit den Botschaftern und auch mit dem Nuntius des Papstes, dem Stifter und Bürgen der Wirksamkeit dieser einzigartigen heiligen Handlung, die von den Venezianern mit Recht geradezu abergläubisch in Ehren gehalten wird. Um das Unglück voll zu machen, brächte ein solcher tragischer Zwischenfall ganz Europa zum Lachen, denn man würde sagen, der Doge von Venedig habe die Ehe endlich vollzogen.

Die Verhaftung

Im März 1755 zog Casanova aus dem Palazzo Bragadin aus, der ihm freilich nach wie vor als Fluchtpunkt und Refugium diente, und quartierte sich in der **Calle della Gorna** ㉜ bei der Witwe Catterina dal Pozzo ein, in deren Tochter er sich verliebt hatte. Es gibt diese Gasse nicht mehr, sie ist im Areal des heutigen Ospedale Civile aufgegangen. Ihre Nähe zu den Fondamenta Nuove hatte für Casanova nicht zuletzt den Vorteil, von hier aus schnell nach Murano übersetzen zu können. Hätte er sich für dergleichen interessiert, so hätte er sich von seiner Vermieterin erzählen lassen können, wie ihr Mann, der Mosaikleger Leopoldo dal Pozzo, nach den Vorlagen Sebastiano Riccis (1659–1734) an der Front der Markuskirche das Mosaik *Die venezianischen Behörden vor dem Körper des heiligen Markus* legte.

Die Verhaftung Casanovas
Buchillustration

Am 26. Juli 1755 ließen die venezianischen Behörden Casanova verhaften. Das Tribunal, das seine Festsetzung verfügt hatte, bestand aus drei Inquisitoren. Einer von ihnen war Antonio Condulmer, der sein Amt im Februar 1755 angetreten hatte. Als Besitzer des Teatro Sant'Angelo mag er – wie Casanova vermutet – ein persönliches Motiv gehabt haben: Casanovas Angriffe auf die Komödien Chiaris. Es gab in seinem Fall keine Gerichtsverhandlung, an der er hätte teilnehmen können, über die Dauer und die Gründe seiner Einkerkerung ließ man ihn im Unklaren. Die Spitzelberichte Giambattista Manuzzis, der Casanova seit etwa einem Jahr beobachtete, dürften eine Hauptrolle spielen. Sehr gebildet war Manuzzi nicht. Er schrieb schon einmal ›pikuräisch‹, wo er wohl ›epikureisch‹ meinte. Aber seine genauen Beobachtungen enthielten Material genug, das eine Anklage wegen Verächtlichmachung der Religion, wegen Freimaurerei oder wegen der Befassung mit okkulten Wissenschaften begründen konnte. Zu den Büchern Casanovas, die der Messergrande bei der Verhaftung beschlagnahmte, gehörte neben Ariost, Petrarca und Horaz auch »das kleine Buch des Aretino über die Liebesstellungen«.

Erlauchteste und Hochehrenwerte Herren, es ist mir gelungen, von Don Giovanni Battista Zini aus der Pfarre San Samuele auszukundschaften, er glaube, daß Giacomo Casanova außer den vielen Freundschaften, die er mit edlen Patriziern unterhält, mit einem von ihnen gemeinsame Sache macht und ihm Freunde zum Kartenspiel zuführt, um diesen ihr Geld abzugewinnen, denn er wisse aus Casanovas eigenem Mund, daß er die Falschspielerkunst beherrsche; daß Casanova den Leuten einredet, man würde nicht sterben, sondern sanft von Fra Bernardo davongetragen, der uns holen komme und uns über die Milchstraße in das Land der Adepten geleite, wo Leggismarco residiere; und mit diesen schändlichen Lügen, mit Rosenkreuzlern, mit Lichtengeln, verhexe er die Leute, so wie er es mit Unserem Ehrenwerten Ser Zuanne Bragadin und anderen edlen Patriziern gemacht hat, um ihnen das Geld aus der Tasche zu ziehen; daß dieser besagte Casanova den pikuräischen Lehren anhänge; daß er mit seinen Lügen und seinem Geschwätz die Leute zu einer ganz lasterhaften Sucht nach allen möglichen Lustbarkeiten anstifte; daß er von neuem um die Gunst Unseres Ehrenwerten Bragadin werbe, weil er hofft, ihn zu beerben und noch den Rest zu schlucken; daß viele edle Patrizier, die sein Talent schätzen, ihn unterstützen; daß ihm erstaunlicherweise bei seinem so eng vertrauten Umgang mit den edlen Patriziern, die er mit gewissen Lehrsätzen einwickelt, noch kein Unheil zugestoßen sei; daß es offenen Streit gebe, wenn einer von ihnen schlecht von ihm sprechen würde.

In Kenntnis dieser Dinge habe ich Casanova dazu gebracht, mit mir über ähnliche Gegenstände zu reden; er hat mir anvertraut, daß er sich bemüht habe, sich in die Gunst des Herzogs Grillo einzuschleichen, der in der Schenke ›Al Buso‹ verkehrt; daß er ihm etwas von der magischen Zahl erzählt habe, mit dem Hintergedanken, ihn ganz allmählich auf die Alchimie hinzulenken und in ihm den Wunsch zu wekken, das allheilende Pulver zu erfinden und ihm einzureden, daß er dann nicht sterben, sondern sanft zu den Adepten hinübergleiten werde; daß er aber dann aus den Antworten des Grillo bezüglich der magischen Zahl ersehen habe, daß das Unternehmen schwierig sein würde, da dieser ihm schon die Grundlehren abgestritten habe; daß es ihm aber andererseits gelingen würde, ihn zur Ausgabe einer Riesensumme zu veranlassen, die fast ganz in seine Tasche fließen würde, ohne daß der Grillo es überhaupt merke; …

Der besagte Casanova rühmt sich offen der Falschspielerei, seiner Freigeisterei, die ihn in Dingen der Religion an nichts glauben ließe, seiner Geschicklichkeit, sich bei den Leuten beliebt zu machen und sie zu betrügen; daß er sich in der Vergangenheit viele Male fast ins Verderben gestürzt habe, weil es ihm an Urteilsvermögen mangelte; daß er aber heutigentags mit größter Vorsicht zu Werke ginge, weil dieses ein Land sei, in dem man von der Regierung und von der Religion nicht ohne große Gefahr sprechen könne; er gesteht, nichts von unserer Religion zu glauben, so wie auch manche andere edle Patrizier, die er kennt, an nichts glauben.

Die Bleikammern im Palazzo Ducale

Die berühmten Piombi existieren nicht mehr. Sie befanden sich im **Dogenpalast** ⑲ selbst und waren die Vorläufer der **Prigioni Nuove,** die über die **Seufzerbrücke** ⑳ mit dem Palast verbunden waren. Casanovas Schilderung seiner Gefängniszeit kulminiert zwar in der Erzählung der gelingenden Flucht, jedoch lebt die rhetorische Inszenierung des Ausbruchs von der Intensität, mit der zuvor die immerhin fünfzehn Monate währende Gefangenschaft dargestellt ist. In diesen Passagen, die den Schock der unvermuteten Verhaftung langsam in die fixe Idee des gewaltsamen Ausbruchs übergehen lassen, tritt eine härtere, beunruhigende Welt an die Stelle der bis dahin dominierenden Komödienwelt des Rokoko. Statt sinnenfroher Kupferstiche hat man sich nun die *Carceri* Piranesis als Illustrationen vorzustellen. Nicht nur durch die morgendliche Verhaftungsszene selbst sehen sich Casanovas Leser im zwanzigsten Jahrhundert an den Beginn von Kafkas *Proceß* erinnert, sondern auch durch die Ungreifbarkeit und Anonymität des Tribunals, von dem sich der Insasse der Bleikammern nur eine vage Vorstellung machen kann: »Ich hielt es für unmöglich, dass sie mich hätten verurteilen und den Stab über mich brechen können, ohne es mir mitzuteilen und ohne mich die Begründung wissen zu lassen. Mein Recht schien mir unanfechtbar, und dem entsprachen meine Überlegungen; aber sie galten nicht gegenüber den Regeln eines Tribunals, das sich von allen rechtmäßigen Gerichten aller Regierungen der Erde unterscheidet. Wenn dieses Tribunal gegen einen Verbrecher einschreitet, ist es bereits davon überzeugt, daß er einer ist; was sollte es also noch mit ihm sprechen?«

Casanovas Schilderung seiner Gefangenschaft ist ein Bericht über Delirien und periodischen Wahn, über die Leiden des Körpers in der Sommerhitze unter den Bleidächern, über die Verwandlung des wohlfrisierten jungen Kaffeehausbesuchers und Spielers in einen sansculottischen Aufrührer gegen die Ordnung. Nirgends ist Casanova der romantischen Literatur mit ihren Doppelgängern und täuschenden Spiegelkabinetten des Ich so nahe gekommen wie auf den Seiten, in denen er die Piombi als eine Welt beschreibt, »wo nichts der Natur gemäß sein kann«.

Giacomo Casanova Die kalte Hand

Die Mitternachtsglocke weckte mich auf. Ein schreckliches Erwachen, weil man nun dem Nichts oder den Gespinsten des Schlafs nachtrauert. Ich konnte nicht glauben, daß ich drei Stunden zugebracht hatte, während derer mir nichts weh tat. Ohne die Stellung zu ändern, griff ich, auf der linken Seite liegend, mit der rechten Hand nach meinem Taschentuch, von dem ich sicher war, daß ich es dorthin gelegt hatte. Wie ich mit der Hand herumtaste, da – großer Gott, welch ein Schreck! – stoße ich gegen eine andere, eiskalte. Der Schauder durchzuckt mich von Kopf bis Fuß, und es sträuben sich mir die Haare: nie im Leben hat meine Seele einen solchen jähen Schrecken verspürt, und nie habe ich geglaubt, daß mir so etwas widerfahren könnte. Ich bleibe wohl drei oder vier Minuten so liegen, nicht nur regungslos, sondern auch keines Gedanken fähig. Sobald ich zu mir komme, rede ich mir tröstend ein, die Hand, die ich berührt habe, sei nur ein Gegenstand meiner Einbildung. In diesem festen Glauben strecke ich den Arm nach derselben Stelle aus und stoße auf dieselbe Hand, die ich mit einem gellenden Schrei und starr vor Entsetzen ergreife und sogleich wieder fahren lasse, indem ich meinen Arm zurückziehe. Ich bebe, und sowie ich wieder Herr meiner Gedanken bin, komme ich zu dem Schluß, daß man während meines Schlafs einen Leichnam neben mich gelegt hat; denn ich bin sicher, daß noch nichts da war, als ich mich auf dem Boden ausstreckte. Ich stelle mir zunächst den Körper eines bedauernswerten Unschuldigen vor, vielleicht meines Freundes, den man erdrosselt und so neben mich gelegt hat, damit ich beim Erwachen das warnende Beispiel des mir zugedachten Schicksals vor Augen hätte. Dieser Gedanke macht mich grimmig entschlossen: ich fasse zum dritten Mal nach der Hand, ergreife sie, packe fest zu und will mich im gleichen Augenblick aufrichten, um den Leichnam an mich zu ziehen und mich von der Sache in ihrer ganzen Entsetzlichkeit zu überzeugen. Doch wie ich mich auf den linken Ellenbogen stützen will, wird diese kalte Hand, die ich gefaßt halte, lebendig, weicht zurück, und im selben Augenblick wird mir zu meiner größten Überraschung klar, daß ich in meiner rechten Hand keine andere als meine eigene linke gehalten habe, die, gelähmt und erstarrt, infolge des wunderbar weichen und bequemen Bettes, auf dem mein Leib lag, Bewegung, Gefühl und Wärme verloren hatte. Dieses Abenteuer, so komisch es war, erheiterte mich nicht. Vielmehr gab es mir Anlaß zu den schwärzesten Gedanken. Mir wurde klar, daß ich mich an einem Ort befand, wo, wenn das Falsche wahr schien, das Wirkliche Traum sein mußte, an einem Ort, wo der Verstand nur noch halben Wert hatte, an einem Ort, wo die Vernunft von der überhitzten Phantasie zum Opfer trügerischer Hoffnung oder grauenvoller Verzweiflung gemacht wurde.

Die Geschichte seiner Verhaftung und Flucht hat Casanova auf ein Dante-Zitat zulaufen lassen und damit das dramatische Pathos verstärkt, mit dem er die Gefangenschaft als Höllenfahrt des Abenteurers darstellte: »e quindi uscimmo a riveder le stelle« – »dann traten wir hinaus und sahn die Sterne«. Mit diesem letzten Vers aus dem 34. Gesang des Inferno markiert er den Moment, in dem er die Dachplatte anhebt und aus den Bleikammern ins Freie tritt. Er hat es sich zudem nicht entgehen lassen, das in den Zeitraum seiner Haft fallende Erdbeben von Lissabon am Allerheiligentag des Jahres 1755 für seine Erzählung zu nutzen. Der Insasse der Bleikammern erlebt die Katastrophe als Wunder des Himmels, wie später der Held in Heinrich von Kleists Erzählung *Das Erdbeben in Chili*.

»Ich stand aufrecht auf dem Dachboden, blickte nach oben zur Luke und sah auch den gewaltigen Balken daneben. Lorenzo kam gerade mit zweien seiner Leute aus meinem Kerker, als ich sah, wie der ungeheure Balken zwar nicht schwankte, aber sich nach der rechten Seite hin drehte und kurz darauf mit einer entgegengesetzten, langsamen, ruckweisen Bewegung wieder in die alte Lage zurückkehrte; da ich zu gleicher Zeit fühlte, wie ich meinen Stand verlor, war ich überzeugt, daß es ein Erdbebenstoß gewesen war, und die verblüfften Büttel meinten das auch. Da mich freudige Gefühle über dieses Phänomen bewegten, äußerte ich kein Wort. Vier oder fünf Sekunden später wiederholte sich die Bewegung, und nun konnte ich mich des Rufes nicht enthalten: ›Un'altra, un'altra gran Dio, ma più Andreae!‹ (Noch einer, noch einer, lieber Gott, aber stärker!) Die Büttel erschraken darüber, da sie es als Frevel eines verzweifelten Narren und Lästerers ansahen. Sie flohen schreckerfüllt. Als ich später darüber nachdachte, wurde mir klar, daß ich den Einsturz des Dogenpalastes als Mittel zur Wiedergewinnung meiner Freiheit zu den möglichen Ereignissen zählte; der niederbrechende Palazzo hätte mich ohne den geringsten Schaden gesund, heil und frei auf das gute Pflaster des Markusplatzes werfen sollen. So verrückt begann ich zu werden. Der Stoß kam von dem gleichen Erdbeben, das in diesen Tagen Lissabon zerstörte.«

Casanova gelang die Flucht aus den Bleikammern genau ein Jahr nach dem Erdbeben von Lissabon, in der Nacht vom 31. Oktober zum 1. November 1756. Geholfen hat ihm nicht sein Vertrauen auf die Unwägbarkeiten der Natur, sondern seine Vertrautheit mit den Instrumentarien und Requisiten der Kultur. Das Lateinische diente ihm als Geheimsprache gegenüber seinem ungebildeten Wächter, sein zurechtgeschnitzter Fingernagel als Schreibfeder, eine Bibel im Folioformat als Versteck für die Ausbruchswerkzeuge.

Giacomo Casanova *Beschreibung des Fluchtweges*

Um dem Leser meine Flucht von einem solchen Ort richtig darstellen zu können, muß ich ihm die Baulichkeit beschreiben. Die Zellen befinden sich auf dem sogenannten Speicher des großen Palastes; das Dach, das nicht mit Schiefertafeln oder Ziegeln, sondern mit drei Fuß großen, ein zwölftel Zoll starken quadratischen Bleiplatten gedeckt ist, gibt diesem

Casanovas Flucht
aus den Bleikammern

Gefängnis den Namen *Bleikammern.* Man gelangt nur durch die Tore des Palastes hinein oder durch den schönen Gefängnisbau, durch den man mich ja über die schon erwähnte sogenannte Seufzerbrücke geleitet hatte. Hinauf in die Zellen kommt man nur durch den Saal, in dem sich die Staatsinquisitoren versammeln; nur ihr Sekretär hat den Schlüssel, den der Wärter der Bleikammern ihm sogleich wieder abliefern muß, wenn er den Dienst bei den Gefangenen beendet hat. Dies erfolgt bei Tagesanbruch, weil später das Kommen und Gehen der Büttel zu auffällig wäre an einem Ort, an dem sich all die Menschen drängen, die eine Vorladung bei den Obersten des Rates der Zehn haben, der jeden Morgen in dem benachbarten *Bussola*-Saal tagt, durch den die Büttel hindurch müssen.

Die Zellen befinden sich, voneinander getrennt, unter dem First an den beiden Längsseiten des Palastes: drei im Westen, darunter die meine, vier im Osten. Die Regenrinne am Rande des Daches der westlichen Zellen führt auf den Innenhof des Palastes, die östliche Dachrinne befindet sich genau auf der Gegenseite zum *Rio di Palazzo* hin. Auf dieser Seite sind die Zellen sehr hell, und man kann aufrecht darin stehen, Vorzüge, die meinem Gefängnis fehlten, das *il trave, das Gebälk,* hieß. Der Fußboden meiner Zelle lag genau über der Decke des Saales der Staatsinquisitoren, in dem sie sich fast jeden Abend trafen, nach der täglichen Sitzung des Rates der Zehn, dem sie angehören.

Da ich das alles wußte und eine genaue Vorstellung von der Lage der Räumlichkeiten hatte, wurde mir klar, daß der einzige Weg zum Gelingen das Durchbrechen des Fußbodens war.

Der Confidente

In den Passagen der *Histoire de ma Vie*, die den Gefangenen in den Bleikammern heraufbeschwören, finden sich die stärksten Invektiven gegen die venezianische Regierung, die sich Casanova je erlaubt hat: »Ich kochte vor Rachegelüsten, die ich mir nicht verheimlichte. Ich sah mich schon an der Spitze des Volkes, um die Regierung auszutilgen und die Aristokraten niederzumetzeln; alles mußte zermalmt werden. Ich begnügte mich nicht damit, Henkern das Abschlachten meiner Unterdrücker zu befehlen, sondern ich mußte das Gemetzel eigenhändig durchführen.« Von diesem Anführer einer imaginären revolutionären Schreckensherrschaft ist nach der geglückten Flucht nichts geblieben. Das Projekt seiner Rückkehr nach Venedig betrieb Casanova als resoluter Legitimist, der sich den Behörden als vielseitig verwendbarer Staatsdiener empfahl.

Der französische Historiker Abraham Nicolas Amelot de la Houssaye (1634–1706), von 1669 bis 1671 einer der Vorgänger Rousseaus auf dem Posten des Sekretärs des französischen Gesandten in Venedig, hatte im Jahre 1676 seine achtbändige *Histoire du gouvernement du Venise* veröffentlicht. Dieses Werk enthielt eine äußerst kritische Darstellung der staatlichen Institutionen Venedigs. Als historisches Nachschlagewerk war es durch zahlreiche Neuauflagen noch den Reisenden des achtzehnten Jahrhunderts gegenwärtig. Auf Amelot verweisen in ihren Briefen Charles de Brosses und Johann Caspar Goethe. Trotz der wiederholten Proteste Venedigs bei der französischen Regierung wurde das Werk im Jahre 1768 in Lyon erneut gedruckt.

Casanova nahm dies zum Anlass, den Staatsinquisitoren in Venedig seine Loyalität zur Republik öffentlich unter Beweis zu stellen: Er verfasste eine umfangreiche

Widerlegung Amelots, die dreibändige *Confutazione della Storia del Governo veneto d'Amelot de la Houssaie.* Das Werk erschien im Jahre 1769. Wahrscheinlich hat es seinen Zweck erfüllt und dazu beigetragen, dass Casanova im Herbst 1774 nach Venedig zurückkehren konnte. Als Bewerbungsschreiben um die Aufnahme in den Staatsdienst blieb es freilich unbeantwortet, obwohl es eine Passage enthielt, die selbst die in ganz Europa berüchtigten Bleikammern als menschenfreundliche Idylle erscheinen ließ: »Diese Bleiplatten haben die Eigenschaft, jene Örtlichkeiten im Winter frisch und im Sommer recht warm zu erhalten. Die Luft, die man dort atmet, ist gut, und die Nahrung ermangelt es dort nicht, noch alles Bedürftige zum Leben, um bequem zu schlafen, sich zu kleiden und nach Gefallen die Wäsche zu wechseln, und es ermangeln nicht Diener, die von dem Dogen für die Reinlichkeit des Ortes gehalten werden, und Arzt und Chirurg, Apotheker und Beichtvater stehen immer nach dem Bedürfnis bereit.«

Casanova hat in seiner *Histoire de ma Vie* ein wenig schmeichelhaftes Porträt des Spions Giambattista Manuzzi gezeichnet, dessen Berichte zu seiner Einkerkerung beigetragen hatten. Doch ist der ehemals Beschattete nach seiner Rückkehr in die Heimatstadt selbst zum Confidente geworden. Er erhielt den Decknamen Antonio Pratolini. Die Berichte, die er ab 1776 verfasste, enthalten wenig Umstürzlerisches. Meist hält er sich an Orten auf, wo es Dinge zu sehen oder hören gibt, die ihm womöglich gar gefallen könnten. Er fertigt einen nichtssagenden Bericht über die Aktstudien der angehenden Maler in der Accademia di Pittura nahe San Moisè an. Heftet sich an die Fersen eines verdächtigen Spaniers. Prüft den mitgehörten Wortwechsel in einer Bottega del Caffè auf sitten- oder religionswidrige Äußerungen. Und manchmal berichtet er aus den Theatern, wo sich wie vor fünfundzwanzig Jahren in den Logen ziemlich viel Unzüchtiges abspielt und gelegentlich öffentliche Prostitution stattfindet. Er schlägt vor, das Dunkel, in dem dergleichen Sittenverstöße gedeihen, durch bessere Beleuchtung zu lichten. Als Theaterbesucher wird er gelegentlich zum Theaterkritiker. Im Dezember 1776 war er im Teatro San Benedetto, dessen Impresario damals Michele dall'Agata war, den er von früher kannte. Es entsteht einer der wenigen Berichte des Confidente Casanova, die Folgen hatten:

»Das erste Ballett von San Benedetto wäre nicht so bemerkenswert, wenn nicht die gegenwärtigen Umstände vorhanden wären. Gestern abend verursachte es im ganzen Publikum unziemliche Gespräche. – Dem Befehle der Obrigkeit gehorsam, erschienen alle Damen maskiert im Theater, mit Ausnahme der Gemahlinnen der österreichischen und spanischen Gesandten, die mit Vergnügen diese Gelegenheit, sich auszuzeichnen, ergriffen. – Aber das Ballett *Coriolan* erregte in leicht beeinflußbaren Gemütern einen gewissen Geist des Aufruhrs, der unpassende Gespräche hervorrief und verschiedene Personen zu unflätigen Bemerkungen veranlaßte. – Wenn das gedruckte Programm des Balletts, das jedermann vor Augen hat, einen vorsichtigen und denkenden Revisor gehabt hätte, so wäre der Druck niemals gestattet worden. – Ohne das Programm würde es weniger aufgefallen sein, wie *Coriolan* mit fanatischer Kühnheit den Befehl des Senates mißachtet und ihn auf eine ärgerniserregende Weise übertritt, wie die Römerinnen nach ihrem eigenen Willen handelten und wie es eine Möglichkeit des Ungehorsams gibt. Es wäre nicht jener Geist der Fügsamkeit beunruhigt worden, den die Weisheit Eurer Exzellenzen stets in den Grenzen der Unterwürfigkeit zu erhalten strebt, damit ihre geheiligten und hochweisen Befehle nicht nur befolgt, sondern auch ohne Murren befolgt werden.«

Auf dem Bericht findet sich ein Aktenvermerk, der die sofortige Reaktion der Behörden festhält. Man drohte Michele dall'Agata die Todesstrafe für den Fall an, dass er das Ballett nicht absetze, und verfügte, dass das gedruckte Programm in sämtlichen Exemplaren einzuziehen sei.

Das *Elenco di Libri proibiti*, das Casanova im Dezember 1781 anlegt, ist sein bedeutendstes Werk als Confidente. In der Zusammenstellung dieses Verzeichnisses verbotener Bücher erweist sich einmal mehr, dass er mit der Philosophie der Aufklärung, mit den Werken Rousseaus und insbesondere mit der französischen wie italienischen erotischen Literatur auf vertrautem Fuß stand. In manchen Passagen ist dieser Text von durchtriebener Zweideutigkeit. Er lässt in der kommentierenden Liste der inkriminierten Werke die Umrisse einer ›guten Bibliothek‹ sichtbar werden: Darin stehen zahlreiche Werke von Voltaire, so die Geschichtsphilosophie, das Philosophische Wörterbuch und die *Pucelle*, von Rousseau der *Émile* und die *Nouvelle Héloise*, und natürlich *De l'Esprit* von Helvetius. Man findet in diesem Verzeichnis des Confidente auch einige der Bücher, die später der Memoirenschreiber in Dux als Anregung für die Episoden mit den Nonnen von Murano nutzen wird: die *Bijoux indiscrètes* von Diderot und die *Thérèse philosophe* des Marquis d'Argens. Es ist ein perfides Kompliment, wenn Casanova am Ende des Verzeichnisses Angelo Querini und Giovanni Carlo Grimani, mit denen er Umgang pflegt, als Leser der genannten Bücher denunziert, um die weite Verbreitung verbotener Bücher unter den Patriziern in Venedig zu belegen.

Leiter der Biblioteca San Marco, die der junge Casanova gelegentlich nutzte (siehe Seite 29), war seit 1778 der Gelehrte Jacopo Morelli. Er veranlasste nicht nur eine systematische Katalogisierung der Bestände, sondern auch den großzügigen Ankauf europäischer Literatur der Aufklärung.

DIE TÜREN SCHLIESSEN SICH

Der Homme de Lettres im Abseits

Auf den Schlussseiten der auf Schloss Dux geschriebenen, im Jahre 1787 erschienenen Druckfassung seiner oft mündlich vorgetragenen Erzählung von der Flucht aus den Bleikammern blickt Casanova auf die Jahre in Venedig zwischen 1774 und 1782 zurück: »Alle Welt rechnete damit, mich bald in ein Amt gesetzt zu sehen, das meinen Fähigkeiten entsprach und mir ein Auskommen sicherte; aber sie täuschten sich alle – außer mir. Durch die Gunst des Gerichts, dessen Einfluß keine Grenzen kennt, hätte ich irgendeine Pfründe bekommen können; doch das hätte nach Entschädigung ausgesehen und wäre vielleicht zu weit gegangen. Man hielt mich für fähig, aus eigener Kraft zu bestehen, und diese Auffassung gefiel mir nicht schlecht. Doch alle Mühsal, die ich in den folgenden neun Jahren auf mich nahm, war umsonst.«

Unschwer ist in dieser Passage die deprimierende Distanz zwischen dem Ehrgeiz des Zurückgekehrten und seinen Möglichkeiten, den hochfahrenden Hoffnungen und prosaischen Desillusionierungen zu erkennen, die Casanovas Existenz als Zwitter aus Confidente und Homme de Lettres in seinen letzten Jahren in Venedig prägt. Nach wie vor wohnt er zentral, in unmittelbarer Nähe der Piazza San Marco, aber repräsentativ wohnt er nicht. Nur näherungsweise lassen sich seine letzten Wohnsitze bestimmen. In der **Calle dei Balloni** Ⓐ, unmittelbar nördlich der Piazza San Marco, lag das Casino seines Freundes Zaguri, der ihn gleich nach seiner Rückkehr im Jahre 1774 dorthin einlud. In der **Calle delle Colonne** Ⓑ, nahe dem Rio dei Fuseri, befand sich das Casino des alten Gönners Marco

Dandolo, in dem er offiziell einen Wohnsitz hatte. Aber er ist hier nur Gast, der das Casino gelegentlich zu repräsentativen Zwecken oder auch zum Schreiben benutzen darf. Eigentlich wohnt er bescheiden im **Corte del Luganegher** ©, der von der Frezzeria zum Rio Orseolo führt.

Man muss sich den Casanova dieser Jahre als jemanden vorstellen, der den aussichtslosen Versuch betreibt, ein Leben als freier Schriftsteller zu führen. Früher einmal hatte er, angeregt vom Abbé Galiani, der ihm von einer Übersetzung der *Ilias* Homers in den neapolitanischen Dialekt erzählt hatte, das venezianische Gegenstück dazu verfassen wollen. Nun, da er sich als gelehrter Autor profilieren will, macht er sich an eine Übersetzung der *Ilias* in die Hochsprache, und zwar in dem nicht eben einfachen Versmaß der ›ottave rime‹. In den Jahren 1775–1778 erscheinen nach und nach die ersten drei Bände. Der vierte bleibt angesichts der wenig verheißungsvollen Aufnahme des Werks durch das Publikum ungeschrieben. Im Jahre 1779, während eines Kuraufenthaltes in Abano Terme, schreibt Casanova ein Büchlein gegen Voltaire, das dem Confidente alle Ehre macht und mit einer Widmung an den Dogen Paolo Renier versehen ist. Als im gleichen Jahr sein Gönner Marco Dandolo stirbt, verliert Casanova das Wohnrecht in dessen Casino. Er zieht ins Sestiere Castello in die Calle **Barbaria delle Tole** ㊱, das Haus hat heute die Nr. 6673. Von hier aus ist es nicht weit zum Colleoni-Denkmal auf dem Campo Santi Giovanni e Paolo. Er versucht sich an einem Briefroman, bearbeitet alte venezianische Anekdoten – Aufmerksamkeit erregt er weder mit dem einen noch mit dem andern. In seinen *Opuscoli miscellanei* aber ist eine Erzählung enthalten, die, obwohl sie in der dritten Person gehalten ist, ankündigt, dass seine literarische Berufung künftig vor allem die sein wird,

Blick in die Calle Barbaria delle Tole
Ausschnitt aus einem Gemälde Francesco Guardis

das eigene Leben zu erzählen. Sie berichtet vom Duell mit dem Grafen Branicki in Polen im Jahre 1766. Anders als die späteren autobiographischen Texte ist sie in italienischer Sprache verfasst und hat einen Anfangssatz, in dem sich der ehemalige ›Chevalier de Seingalt‹ zu seiner Herkunft aus dem Volk bekennt: »Ein Venezianer, armer Leute Kind, ohne Vermögen und ohne jene Titel, die in den Städten die vornehmen Familien vom gemeinen Volk unterscheiden, aber, nach dem Willen Gottes, erzogen in der Weise derer, die bestimmt sind zu allem anderen als zu den Berufen, die vom Pöbel ausgeübt werden, hatte im Alter von siebenundzwanzig Jahren das Unglück, sich den Unwillen der Regierung zuzuziehen, und mit achtundzwanzig das Glück, dem Gewahrsam einer erhabenen Justiz, deren Spruch er sich nicht beugen wollte, zu entkommen.«

Casanovas Schilderung seines Helden als eines armen Venezianers mochte mit dem Umstand zu tun haben, dass er in der Barbaria delle Tole bis zu seiner Flucht im Jahre 1782 mit einer Frau aus dem Volke zusammenlebte, der das Pfandhaus näherlag als die Theater. Francesca Buschini, eine Näherin, vermutlich um 1760 geboren, war die letzte seiner venezianischen Liebschaften. Sie konnte schreiben, ein Briefwechsel zwischen ihr und Casanova nach der erzwungenen Trennung ist erhalten. Literarischen Glanz wird man darin nicht finden. Aber einen Casanova, der in den Memoiren nur am Rande vorkommt: den, der mit dem gemeinen Volk von Gleich zu Gleich verkehrt.

Der **Palazzo Querini-Stampalia** ㉓ nahe dem Campo Santa Maria Formosa gehört zu den stillen Sehenswürdigkeiten Venedigs. Der in der Renaissance errichtete Palast wurde in den sechziger Jahren dieses Jahrhunderts von Carlo Scarpa restauriert und umgebaut, der auch die moderne Gartenanlage schuf. Die hier residierende Stiftung Querini-Stampalia beherbergt eine große Bibliothek, in der Giorgio Bassani im Roman *Die Gärten der Finzi-Contini* (1962) Micòl Finzi-Contini, die Tochter der Familie, studieren lässt. In der reichen Pinakothek sind mehr als siebenhundert Werke der venezianischen Schule versammelt. Hier kann man, etwa vor den Werken Pietro Longhis, auf Casanovas Venedig zurückblicken und findet in den zahlreichen Bildern von Gabriele Bella einen Gegenpol zur beginnenden Auflösung aller festen Konturen in den Licht- und Linienspielen Francesco Guardis. Als ließe sich damit der Zukunft vorbeugen, sieht Venedig bei Bella noch stabiler aus, als es je war.

In der Biblioteca Querini-Stampalia liegt, versehen mit der Signatur 1 E 1636 Casanovas Schlüsselroman *Né amori, né donne*, mit dem er sich im Sommer 1782 den Zorn namhafter Patrizier, zumal seines häufigen Gastgebers Giovanni Carlo Grimani, zuzog. In nur leicht geschürzter mythologischer Verkleidung behauptet Casanova in Verballhornung des Amphitryon-Stoffes, er selbst sei ein natürlicher Sohn Michele Grimanis,

Canal Grande bei Ca' Pesaro. Stich von Michele Marieschi

Giovanni Carlo aber nur ein Bastard. Er mochte sich dabei auf die alten Gerüchte über eine Liebschaft seiner Mutter mit Michele Grimani stützen. Damit behauptete er nicht weniger, als der eigentliche Erbe des großen Theaterunternehmers und Patriziers Michele Grimani zu sein. In genealogischen Fragen versteht bekanntlich keine Aristokratie Spaß. Der Pamphletist hatte nicht bedacht, dass er das erste Opfer des Skandals sein würde, den er entfesselte.

Francesca Buschini
Brief an Casanova vom 11. Juli 1783

Aus Ihrem lieben Brief entnehme ich, daß Sie wissen möchten, ob wir die Miete für das Haus bezahlt haben; ich berichte Ihnen also gleich, daß wir die Miete am fünften des laufenden Monats bezahlt haben, und der Grund für die fünftägige Verspätung war, daß wir unsere Bettücher noch nicht verkauft hatten. Für den Atlasrock und die Samthose haben wir nicht einen Pfennig mehr als fünfzig Lire bekommen. Insgesamt brachte der Verkauf der Bettücher, des Kleides und des Gewehrs gerade die Summe, um die Miete zu bezahlen, so daß die Miete jetzt für drei Monate bezahlt ist. Ohne Sie, lieber Freund, hätten wir nämlich nicht gewußt, wie wir sie hätten bezahlen sollen …

Am Sonntag, als ich mit meiner Schwester in die Messe ging, habe ich auf der Straße Seine Exzellenz Bernardo Memmo getroffen und bin stehengeblieben, um ihn zu begrüßen. Er hat mich gleich nach Ihnen gefragt, ob es Ihnen gutgeht und wo Sie jetzt sind, und war sehr überrascht, als ich ihm sagte, daß Sie vor zwanzig Tagen in Venedig waren, aber das Schiff nicht verlassen wollten und nur gekommen waren, um mich zu begrüßen. Ich habe ihm gesagt, daß ich im Augenblick nicht weiß, wo Sie sich aufhalten werden.

Der **Palazzo Casa Pesaro** ㉟ am Canal Grande im Sestiere San Polo schräg gegenüber der Ca' d'Oro entstand im späten siebzehnten Jahrhundert. Als Leonardo Pesaro den Architekten Baldassare Longhena mit dem Neubau beauftragte, wollte er einen der größten Paläste Venedigs errichten. Die im Jahre 1679 vollendete Fassade mit ihrer Fülle von dekorativen Skulpturen ist ein Hauptbeispiel des venezianischen Barock. Schon seit der Jahrhundertwende beherbergt das Gebäude die Galleria d'Arte moderna. Im Jahre 1782 trat hier im Skandal um die genealogische Satire die Dame des Hauses als eine der wenigen aristokratischen Stimmen für Casanova ein. Es half ihm nichts, er musste die Stadt verlassen. Im Juni 1783 war er noch einmal kurz inkognito in Venedig, danach nie

Giacomo Casanova im Alter von 63 Jahren
Anonymer Stich

mehr. Im Rückblick schrieb er den Satz: »Entweder bin ich nicht für Venedig gemacht, oder Venedig ist nicht für mich gemacht, oder beides.« Zu Recht glauben ihm seine Leser weder das eine noch das andere, und schon gar nicht beides.

Zeittafel

1725	am 2. April Geburt von Giacomo Girolamo Casanova
1725–34	Kindheit in Venedig. Nach dem Tod des Vaters Gaetano Casanova im Dezember 1733 bei der Großmutter
1727	Geburt des Bruders Francesco
1730	Geburt des Bruders Giovanni Alvis
1732	Geburt der Schwester Maria Maddalena
1734	Geburt des Bruders Gaetano Alvise. In Pension bei Dr. Antonio Maria Gozzi in Padua
1737	Besuch bei der Mutter in Venedig, die wenig später zu einem Engagement am Theater in St. Petersburg aufbricht. Im November Immatrikulation an der Universität Padua
1737–39	Studium beider Rechte in Padua
1740–41	Tonsur und niedere Weihen in Venedig. Im Frühjahr 1741 vermutlich erste Reise nach Korfu und Konstantinopel
1742	Promotion in Padua
1743	Tod der Großmutter. Kurzer Aufenthalt im Seminar San Cipriano auf Murano. Inhaftierung im Forte di Sant'Andrea. Im Oktober Reise über Ancona nach Rom und Neapel
1745	wohl in diesem Jahr zweite Reise nach Korfu und Konstantinopel
1746	im Karneval Geiger im Orchester des Teatro San Samuele in Venedig. Begegnung mit dem Senator Matteo Bragadin
1748	in Venedig
1749–50	aus Furcht vor der Staatsinquisition Reisen nach Norditalien, in die Schweiz und nach Frankreich
1750–52	zweijähriger Aufenthalt in Paris
1752–53	über Frankfurt am Main, Dresden, Prag und Wien Rückkehr nach Venedig im Mai 1753
1754	in Venedig
1755	am 26. Juli Verhaftung auf Befehl der Staatsinquisitoren und Einkerkerung unter den Bleidächern

1756	in der Nacht vom 31. Oktober zum 1. November geglückte Flucht
1757	im Januar Ankunft in Paris
1758	in halboffizieller französischer Mission nach Den Haag
1759–72	Reisen durch ganz Europa
1772–74	in Triest
1774	am 14. September Rückkehr nach Venedig
1776	Casanova wird offiziell Confidente (Spitzel) der venezianischen Staatsinquisition. Im November stirbt seine Mutter Zanetta in Dresden
1777	Casanova lernt im Hause Pietro Zaguris und im Palazzo Memmo den jungen Lorenzo da Ponte kennen
1779	Tod des Gönners Marco Dandolo. Im Juli Aufnahme einer festen Beziehung zu der Näherin Francesca Buschini
1780	erfolglose Versuche als Impresario
1782	Veröffentlichung des satirischen Schlüsselromans *Né amori, né donne*. Skandal. Im September Abreise nach Triest
1783	im Juni letzter kurzer Besuch in Venedig, dann nach Paris, Wien, Dresden, Berlin, Prag
1784	im Februar in Wien. Anstellung als Sekretär des venezianischen Gesandten Sebastiano Foscarini. Bekanntschaft mit dem Grafen Joseph Karl Emanuel Waldstein. Erneute Begegnung mit Lorenzo da Ponte
1785	im September Anstellung als Bibliothekar des Grafen Waldstein auf Schloss Dux in Böhmen
1786	Veröffentlichung des *Soliloque d'un Penseur*, einer Schrift gegen den Abenteurer Cagliostro, in Prag
1787	Aufenthalt in Prag wegen des Drucks der *Histoire de ma fuite des prisons de la République de Venise qu'on appelle les Plombs*. Zwei Szenenentwürfe zum Libretto da Pontes für Mozarts *Don Giovanni*. Uraufführung der Oper in Prag am 29. Oktober.

1788	Publikation des fünfbändigen utopischen Romans *Icosaméron ou Histoire d'Edouard et d'Elisabeth* in Prag
1789	Beginn der Niederschrift der Memoiren *Histoire de ma Vie*
1791	Casanova ist bei der Krönung des Kaisers Leopold II. zum König von Böhmen in Prag
1792	letztes Zusammentreffen mit Lorenzo da Ponte. Beendigung der ersten Niederschrift der Memoiren
1795	Reise nach Berlin und Thüringen
1798	im Februar schwere Erkrankung. Am 4. Juni stirbt Casanova auf Schloss Dux im Alter von 73 Jahren

Quellen

Die Identifizierung der Orte von Casanovas Leben in Venedig und der Schauplätze seines Werks folgt dem vom »Comité International des Amis de Casanova« herausgegebenen Band *Sui Passi di Casanova a Venezia. Guida ai luoghi casanoviani* (Milano 1993). Er wurde von Furio Luccichenti, Jacques Marsan und Helmut Watzlawick erarbeitet und von Luigi Bellavita mit einem Vorwort versehen. – Die Zitate im Text (zum Teil gekürzt) wurden folgenden Ausgaben entnommen (die Überschriften stammen vom Herausgeber):

CHARLES DE BROSSES: *Des Präsidenten de Brosses vertrauliche Briefe aus Italien an seine Freunde in Dijon 1739–1740.* Übersetzt von Werner Schwartzkopf. München 1918, Bd. 1, S. 134f.

GIACOMO CASANOVA: *Geschichte meines Lebens.* Herausgegeben und eingeleitet von Erich Loos. Erstmals nach der Urfassung ins Deutsche übersetzt von Heinz von Sauter. 12 Bände, Berlin 1964–1967
Die Zauberin von Murano: Bd. 1, S. 81f. – *Die Fahrt auf dem Burchiello*: Bd. 1, S. 87f. – *Der nächtliche Überfall*: Bd. 1, S. 229ff. – *Nächtliche Ruhestörung*: Bd. 2, S. 205f. – *Signor Bragadin*: Bd. 2, S. 211ff. – *Beim Spiel*: Bd. 4 , S. 87f. – *Das Liebesspiel*: Bd. 4 , S. 80ff. – *Mein Casino*: Bd. 4 , S. 57f. – *Rendezvous am Colleoni-Denkmal*: Bd. 4, S. 59 – *Die Entführung*: Bd. 2, S. 207ff. – *Der Bucintoro*: Bd. 2, S. 275f. – *Giambattista Manuzzis Spitzelbericht*: Bd. 4 , S. 388f.

GIACOMO CASANOVA: *Meine Flucht aus den Bleikammern von Venedig* (Die Geschichte meiner Flucht aus dem Gefängnis der Republik Venedig, den sogenannten Bleikammern, niedergeschrieben in Dux in Böhmen im Jahre 1787). Aus dem Französischen von Ulrich Friedrich Müller und Kristian Wachinger. Ebenhausen bei München 1989
Die Erberia: S. 12 – *Die kalte Hand*: S. 21f. – *Beschreibung des Fluchtweges*: S. 34f.

GIACOMO CASANOVA: *Gesammelte Briefe.* Ausgewählt, eingeleitet und mit Anmerkungen versehen von Enrico Straub. Bd. 1: Aus der intimen Korrespondenz. Bd. 2: Aus der gelehrten Korrespondenz. Berlin 1969–70
Der Signor Vanesio: Bd. 2, S. 250f. (= Pietro Chiari: *La Commedia in fortuna, o sia memorie di madama N. N. scritte da lei medesima.* Zwei Bände, Venedig 1755, S. 130f.) – Francesca Buschini: *Brief an Casanova vom 11. Juli 1783*: Bd. 2, S. 138ff.

GIACOMO CASANOVA: *Das Duell oder Versuch über das Leben des Venezianers G. C. Novelle.* Herausgegeben, aus dem Italienischen übertragen und mit einem Nachwort versehen von Hartmut Scheible. München 1988

JOHANN CASPAR GOETHE: *Reise durch Italien im Jahre 1740* (Viaggio per l'Italia). Übersetzt und kommentiert von Albert Meier. München 1986
Im Theater: S. 24f. – *Karneval in Venedig*: S. 62f.

CARLO GOLDONIS auf Französisch verfasste Memoiren erschienen erstmals noch zu Lebzeiten des Autors im Jahre 1787 in Paris. Sie werden hier nach der ersten deutschen Übersetzung zitiert: *Goldoni über sich selbst und die Geschichte seines Theaters.* Aus dem Französischen übersetzt und mit einigen Anmerkungen versehen von G. Schaz. 3 Teile. Leipzig im Verlage der Dykischen Buchhandlung, 1788
Venedig: Bd. 1, S. 56f. – *Venedig bei Nacht*: Bd. 1, S. 328f.

JEAN-JACQUES ROUSSEAU: *Die Bekenntnisse.* Vollständige Ausgabe. Mit einem Nachwort und Anmerkungen von Christoph Kunze. München 1981
Die Musik: S. 309f. – *Corallina und Camilla*: S. 297f.

GEORG SIMMEL: *Zur Philosophie der Kunst. Philosophische und kunstphilosophische Aufsätze.* Potsdam 1922
Venedig (1907): S. 67–73

Weiterführende Literatur

'Agenti secreti di Venezia 1705–1797. A cura di Giovanni Comisso. Milano 1984

Mémoires du Cardinal de Bernis. Préface de Jean-Marie Rouart. Notes de Philippe Bonnet. Paris 1986

GIACOMO CASANOVA: *Über den Selbstmord und die Philosophen.* Mit einem einführenden Essay von Lothar Müller. Frankfurt am Main, New York, Paris 1994
Vermischte Schriften. Aus dem gelehrten und literarischen Werk. Ausgewählt, eingeleitet und mit Anmerkungen versehen von Enrico Straub. Frankfurt am Main, Berlin 1971

CARLO GOZZI: *Unnütze Erinnerungen.* Leipzig 1986

JOHANNES HÖSLE: *Carlo Goldoni. Sein Leben, sein Werk, seine Zeit.* München 1993

LODOVICO MANIN: *Io, L'ultimo Doge di Venezia.* Venezia 1997

JEAN GORGELIN: *Venise au siècle des lumières.* Paris 1978

GUSTAV GUGITZ: *Giacomo Casanova und sein Lebensroman. Historische Studien zu seinen Memoiren.* Wien, Prag, Leipzig 1921

NORBERT JONARD: *La vie quotidienne à Venise au 18e Siècle,* Paris 1965, Genf 1978

J. RIVES CHILDS: *Casanova. A new Perspective.* New York 1988

LORENZO DA PONTE: *Geschichte meines Lebens. Memoiren eines Venezianers.* Aus dem Italienischen übertragen von Charlotte Birnbaum mit einem Nachwort von Hermann Kesten. Frankfurt am Main 1969

Lothar Müller, geboren 1954 in Dortmund, Kultur- und Literaturwissenschaftler, bis 2020 Redakteur im Feuilleton der ›Süddeutschen Zeitung‹ mit Sitz in Berlin, ist Honorarprofessor an der Humboldt-Universität zu Berlin. Für seine feuilletonistische Arbeit wurde er u. a. mit dem Alfred-Kerr-Preis und dem Johann-Heinrich-Merck-Preis ausgezeichnet.

Lesen Sie weiter …

TIZIANO SCARPA STABAT MATER Roman

Die Geschichte eines Waisenmädchens in Venedig: Cecilia spielt virtuos die von Vivaldi für sie komponierten Stücke. Sogar das Frühlingszwitschern einer Schwalbe kann sie auf der Geige nachahmen. Doch viel lieber möchte sie wissen, wer sie ist und woher sie kommt.

Aus dem Italienischen von Olaf Matthias Roth
SVLTO. Rotes Leinen. Fadengeheftet. 144 Seiten

VENEDIG EINE LITERARISCHE EINLADUNG

Die Serenissinma aus der Sicht heutiger Autoren: Sie singen, sie fluchen, sie schreiben Geschichten über die Lagune. Sie haben düstere Visionen einer Stadt als Disneyland, retten sich mit verliebten Schilderungen venezianischen Alltags und können doch nicht von ihr lassen.

Herausgegeben von Susanne Müller-Wolff
SVLTO. Rotes Leinen. Fadengeheftet. 144 Seiten

TIZIANO SCARPA VENEDIG IST EIN FISCH

Tiziano Scarpa führt durch seine Heimatstadt und lässt uns Venedigs Stadt- und unsere Körperteile auf ungeahnte Art entdecken – ein ungewöhnlicher Reisebegleiter in erweiterter Neuausgabe.

WAT 871. Broschiert. 160 Seiten

ATTILIO BRILLI ALS REISEN EINE KUNST WAR
Vom Beginn des modernen Tourismus: Die Grand Tour

Über unsere Sehnsucht nach der Ferne: Wie die ersten neugierigen Herren (später auch Damen) der Gesellschaft zur Bildungsreise aufbrechen, die naturgemäß im Kunstland Italien endet.

Aus dem Italienischen von Annette Kopetzki
WAT 274. Broschiert. 224 Seiten

… mit Wagenbach

HANS VON TROTHA A SENTIMENTAL JOURNEY
Laurence Sterne in Shandy Hall

Ein Gentleman, ein Buch, eine Reise … Der Englandkenner Hans von Trotha entführt ins 18. Jahrhundert, als die Perücken gelüftet und die Krägen gelockert werden durften, als man empfindsame Briefe schrieb und ebensolche Romane.

SVLTO. Rotes Leinen. Fadengeheftet. 144 Seiten mit Abbildungen

DIETER RICHTER GOETHE IN NEAPEL

An der Italiensehnsucht der Deutschen hat Goethes Italienische Reise großen Anteil. In Neapel kulminieren Glücksgefühl und Befremden des fahrenden Nordmenschen. Dieter Richter begibt sich – gewohnt kenntnisreich – auf eine höchst unterhaltsame Spurensuche.

SVLTO. Rotes Leinen. Fadengeheftet. 144 Seiten

ROBERTO ALAJMO PALERMO IST EINE ZWIEBEL

Achtung, Reisewarnung! Verkehrschaos, Mafia und nirgends ist das Meer zu sehen: Roberto Alajmo kann alle Klischees über seine aufregende Heimatstadt bestätigen – aber so charmant und witzig, dass man unbedingt sofort nach Palermo will.

WAT 838. Broschiert. 176 Seiten

Casanovas Venedig. Ein Reiselesebuch
erschien im Frühjahr 1998 als 71. *SVLTO*,
die erweiterte Ausgabe 2025.

Emser Straße 40/41, 10719 Berlin
www.wagenbach.de mail@wagenbach.de

Covergestaltung Julie August unter Verwendung des Gemäldes *Die Rückkehr des Bucitoro* von Francesco Guardi. Gesetzt aus der Bodoni. Leinen von Gebr. Schabert, Strullendorf
Gedruckt und gebunden bei Beltz Grafische Betriebe, Bad Langensalza. Printed in Germany.

ISBN 978 3 8031 1170 8

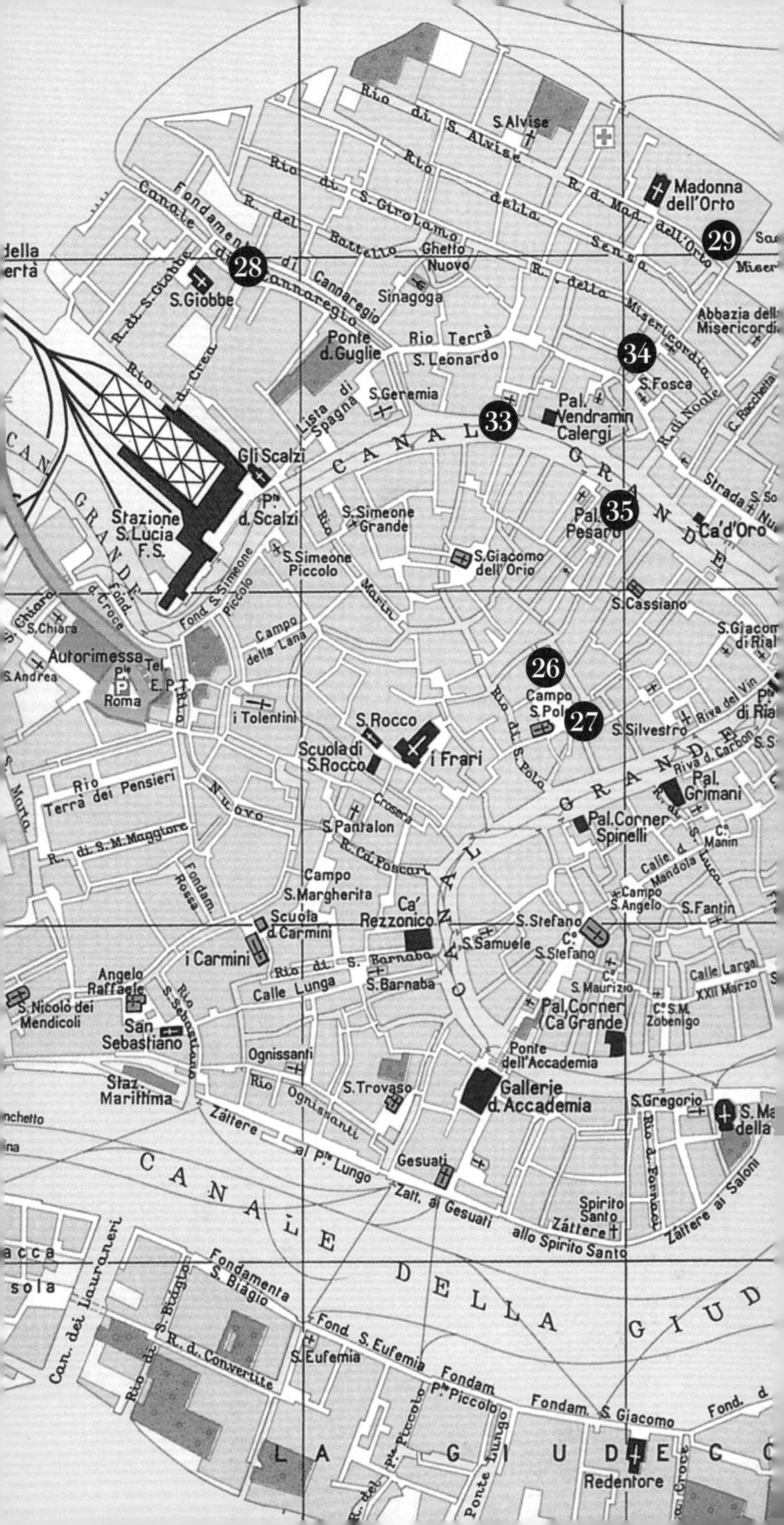
Rio di S. Alvise
S. Alvise
Madonna dell'Orto
Rio di S. Girolamo
Rio della Sensa
R. d. Mad. dell'Orto
29
R. del Battello
Ghetto Nuovo
Canale di Cannaregio
Fondamenta di Cannaregio
28
S. Giobbe
R. di S. Giobbe
Sinagoga
R. della Misericordia
Abbazia della Misericordia
34
Rio Terrà S. Leonardo
Ponte d. Guglie
Rio d. Crea
Lista di Spagna
S. Geremia
S. Fosca
R. di Noale
Pal. Vendramin Calergi
33
Canal Grande
Gli Scalzi
Stazione S. Lucia F.S.
Pte d. Scalzi
S. Simeone Grande
Rio Marin
35
Pal. Pesaro
Ca' d'Oro
Strada Nuova
S. Giacomo dell'Orio
S. Simeone Piccolo
Fond. S. Simeone Piccolo
Fond. d. Croce
S. Cassiano
S. Chiara
Campo della Lana
Autorimessa
Ple Roma
Tel. E.P.T.
S. Andrea
26
Campo S. Polo
27
i Tolentini
S. Rocco
Scuola di S. Rocco
i Frari
Rio di S. Polo
S. Silvestro
Riva del Vin
Pte di Rialto
Riva d. Carbon
Pal. Grimani
Rio Terrà dei Pensieri
Rio Nuovo
Crosera
S. Pantalon
Pal. Corner Spinelli
R. di S. M. Maggiore
R. Cà Foscari
Calle d. Mandola
Ce Manin
Fondam. Rossa
Campo S. Margherita
Campo S. Angelo
S. Fantin
Scuola d. Carmini
Ca' Rezzonico
S. Stefano
Ce S. Stefano
S. Samuele
i Carmini
Rio di S. Barnaba
S. Barnaba
Calle Lunga
Ce S. Maurizio
Calle Larga XXII Marzo
Angelo Raffaele
S. Nicolò dei Mendicoli
Rio S. Sebastiano
San Sebastiano
Pal. Corner (Ca' Grande)
Ce S. M. Zobenigo
Ognissanti
Ponte dell'Accademia
Rio Ognissanti
S. Trovaso
Gallerie d. Accademia
Staz. Marittima
S. Gregorio
Rio d. Fornace
Zattere al Pte Lungo
Gesuati
Zatt. ai Gesuati
Spirito Santo
Zattere allo Spirito Santo
Zattere ai Saloni
Canale della Giudecca
Can. dei Lauraneri
Fondamenta S. Biagio
Rio di S. Biagio
R. d. Convertite
Fond. S. Eufemia
S. Eufemia
Fondam. Pte Piccolo
Pte Piccolo
Ponte Lungo
Fondam. S. Giacomo
Redentore
La Giudecca